AF313637

EXPLORATION COMMERCIALE

DU TONKIN

RAPPORT

PRÉSENTÉ PAR M. PAUL BRUNAT

A LA CHAMBRE DE COMMERCE DE LYON

Séance du 18 février 1885

— AVEC UNE CARTE DU TONKIN. —

LYON

IMPRIMERIE COMMERCIALE PITRAT AINÉ

4, RUE GENTIL, 4

—

1885

EXPLORATION COMMERCIALE

DU TONKIN

EXPLORATION COMMERCIALE

DU TONKIN

RAPPORT

PRÉSENTÉ PAR M. PAUL BRUNAT

A LA CHAMBRE DE COMMERCE DE LYON

, Séance du 18 février 1885

— AVEC UNE CARTE DU TONKIN —

LYON

IMPRIMERIE COMMERCIALE PITRAT AINÉ

4, RUE GENTIL, 4

1885

[Dès le commencement de l'année dernière, les demandes d'informations sur les productions naturelles du Tonkin et sur les produits de nos manufactures qui pourraient y trouver des débouchés affluaient à la Chambre de commerce de Lyon.] Préoccupée d'éclairer, par un témoignage impartial, ce réveil de l'esprit des entreprises coloniales depuis si longtemps endormi en France, la Chambre conçut la pensée de confier à un mandataire autorisé la mission d'explorer au point de vue commercial notre nouvelle colonie asiatique. A cet effet, elle vota, dans sa séance du 5 juin 1884, le crédit nécessaire.

Un de nos compatriotes, M. Paul Brunat, qui résidait dans l'Extrême-Orient depuis une quinzaine d'années, devait revenir en Europe à la fin de 1884. Il voulut bien accepter ce mandat, et à son retour, il a consigné dans un rapport les résultats de son exploration.

C'est ce rapport que la Chambre a décidé de livrer à la publicité après en avoir entendu la lecture dans une séance spéciale (séance du 18 février 1885).

M. P. Brunat offrait une compétence particulière pour toutes les questions touchant à l'industrie de la soie, l'un des points qui intéressaient le plus la région lyonnaise. Tout le monde sait déjà que la production soyeuse du Tonkin est assez importante ; les quelques balles parvenues en Europe par le marché de Canton révèlent une industrie dans l'enfance ; il importait à notre fabrique et à notre commerce d'apprendre si la sériciculture et la filature annamites étaient susceptibles d'être améliorées et régénérées.]

Mais le programme tracé par M. P. Brunat n'était pas circonscrit à ce sujet spécial ; il comportait aussi une enquête sur le caractère, les mœurs, les aptitudes industrielles, les goûts, les besoins des populations indigènes ; sur toutes les productions du sol et de l'agriculture ; sur tous les produits de l'industrie métropolitaine qui pourraient, concurremment avec la soie, alimenter un commerce d'échanges entre la France et sa nouvelle colonie. Ce n'était donc pas seulement une mission d'intérêt lyonnais que la Chambre confiait à M. Paul Brunat.] Afin de mieux affirmer le caractère d'intérêt général qu'elle entendait lui donner, elle a offert les bons services de son délégué à plusieurs Chambres de commerce de France.

Les Chambres de commerce de Paris, Marseille, Bordeaux, Le Havre, Rouen, Saint-Étienne, Tarare, Vienne, Mazamet, Elbeuf, Roubaix, Reims, lui ont transmis des questionnaires qui ont été joints aux questionnaires élaborés par la Chambre de commerce de Lyon elle-même et par divers syndicats Lyonnais, tels que le Syndicat des marchands de soie, la Chambre syndicale de la fabrique de soieries, le Syndicat commercial et industriel, la Chambre syndicale des négociants.]

Le rapport qui fait l'objet de la présente publication répond à toutes les questions posées à M. P. Brunat dans ces divers documents.

Il est accompagné d'une série d'échantillons, dont la nomenclature se trouve en annexe, et qui sont tenus à la disposition des intéressés ainsi que des autres Chambres, au secrétariat de la Chambre de commerce (Palais du Commerce).

La Chambre de commerce de Lyon se fait un devoir de rendre un public tribut de remerciements à l'activité, à l'intelligence et au zèle de son délégué. Les informations précises et certaines qu'il a rapportées d'un séjour de deux mois au Tonkin ne seront pas, elle l'espère, perdues pour notre commerce. Il appartient maintenant à l'initiative individuelle de tirer profit des sacrices que la Chambre s'est imposés en vue de faciliter la conquête pacifique de notre nouvelle possession.

EXPLORATION COMMERCIALE

DU TONKIN

RAPPORT

PRÉSENTÉ PAR M. PAUL BRUNAT

A LA CHAMBRE DE COMMERCE DE LYON

Au mois de mai dernier la Chambre de commerce de Lyon me fit demander à Shanghaï où je résidais, si je serais disposé à me charger d'une mission d'exploration commerciale au Tonkin, et sur ma réponse affirmative, elle me traça un cadre d'études, en y joignant les questionnaires des Chambres de commerce de Bordeaux, Rouen, Marseille, Le Havre, Tarare, Vienne (Isère), Mazamet (Tarn), Elbeuf, Roubaix, Reims, Saint-Étienne et Paris, qu'elle avait invitées à se joindre à elle. Mes instructions me sont parvenues à Shanghaï le 17 septembre dernier, et le 21 du même mois je m'embarquais pour Hong-Kong, avec M. Lemaire, récemment nommé ministre plénipotentiaire à Hué, et résident général en Annam et au Tonkin. A Hong-Kong, M. Lemaire m'offrait de prendre passage avec lui sur le *Pluvier*, navire de guerre français, mis à sa disposition par le ministère de la marine ; nous arrivions à Haïphong le 29 septembre, et à Hanoï, capitale du Tonkin, le 1ᵉʳ octobre. M. Lemaire me présentait le même soir au général Brière de l'Isle, à qui je remettais le lendemain les lettres qui m'accréditaient officiellement auprès de lui. Le général qui avait déjà été informé directement et officiellement de ma mission par le ministère de la marine et des colonies, et qui avait donné des ordres sur tous les points occupés par nos troupes, pour faciliter et protéger ma mission, me fit le meilleur accueil, et pendant tout le temps de mon séjour au Tonkin, parut s'intéresser vivement aux progrès de mes études, me donnant dans les divers entretiens que j'ai eus avec lui des renseignemnets fort utiles.

Je suis resté deux mois au Tonkin. J'ai employé le mois d'octobre à me familiariser avec les hommes et les choses. Le mois de novembre a été consacré surtout à voyager.

Parti d'Haïphong, le 1ᵉʳ novembre sur une chaloupe à vapeur, le *Lach-Tray*, je me suis arrêté d'abord à Nam-Dinh, centre important de production de riz et de soie. J'ai visité ensuite Phadiem à l'embouchure du Day et sur les confins du Thanh-Hoa. J'ai essayé de pénétrer dans le Thanh-Hoa, riche province au sud du Tonkin où nous n'avons pas de garnison ; mais la difficulté des communications et surtout la mauvaise volonté de mon personnel, en proie à la crainte des pirates, m'ont obligé à renoncer à ce projet, et je suis allé à Ninh-Binh par les canaux qui longent les montagnes du Thanh-Hoa, sur le Diem-Giang-Phuong, affluent du Day. De là je suis allé au Phu-Gno, et quittant ma chaloupe, j'ai pénétré jusqu'à Kwandzu sur le Chan-Mi-Thung ou rivière de Yen-Hoa, et visité Doc-Tru, village Muong. Revenant ensuite sur mes pas, et reprenant ma chaloupe, j'ai remonté le Day, m'arrêtant une seconde fois à la mission catholique de Keshö, et remontant jusqu'à Sheo près de Phu-Dinh. Je n'ai pu continuer l'exploration de la vallée du « Day » à cause des basses eaux et j'ai dû revenir par le Phu-Ly et le fleuve Rouge pour rejoindre Sontay en passant par Hanoï. De Sontay je suis allé visiter la rivière Claire dont j'ai remonté le cours jusqu'à Yn-Luong-Cha, un peu avant Phu-Ninh. A mon retour à Bach-Hat au confluent de la rivière Claire et du fleuve Rouge, j'abandonnais ma chaloupe qui ne pouvait plus me servir à remonter le fleuve Rouge, celui-ci n'offrant plus dans ces parages et à cette époque de l'année que des fonds de 1ᵐ 50 à peine, et je m'embarquais sur des jonques, escorté de huit tirailleurs annamites que je devais à l'obligeance de M. Bonnal, résident de France à Sontay. Je remontais la rivière Noire d'abord jusqu'à Bac-Bac, et grâce à l'obligeance du Hu-yen (chef de çanton) de Bac-Bac, qui me fournissait des hommes avec des torches pour remorquer nos jonques pendant la nuit, j'arrivais à Tu-Fam où j'allais faire une visite au Dinh-Van-Vinh chef des Muongs de cette contrée, qui avait été prévenu de ma visite par M. Bonnal. Au retour de cette excursion j'ai fait un court séjour à Hanoï et à Haïphong et je suis allé visiter la baie d'Along, d'où je me suis embarqué le 1ᵉʳ décembre sur le transport *Mytho*, pour venir rejoindre la malle française à Saïgon.

J'ai regretté de ne pouvoir visiter la partie nord du Tonkin dans les provinces de Tu-Yen-Quan et de Thaï-Nguyen, mais l'état de guerre où se trouvaient encore ces provinces ne se prêtait pas à une exploration pacifique, et il m'aurait fallu, pour tenter de profiter des mouvements des colonnes armées qui auraient pu me protéger, plus de temps que je n'en avais à ma disposition. Toutefois, ce que j'ai vu du pays et le temps que j'y ai résidé, m'ont permis de me former une opinion sérieuse et raisonnée sur les divers sujets que j'avais à étudier, soit par une observation directe et attentive des faits, soit en questionnant ceux de mes compatriotes dont l'expérience du pays pouvait m'être utile, et je dois dire à ce sujet que pendant tout mon séjour au Tonkin et dans mes pérégrinations à travers le pays, j'ai rencontré auprès de tout le personnel de la guerre, de la marine et des affaires étrangères, la meilleure volonté et le plus grand empressement à m'éclairer sur les sujets de leur compétence. J'ai trouvé également des renseignements précieux auprès du personnel des douanes et auprès des missionnaires catholiques français et des prêtres indigènes. Ces derniers paraissent fort sympathiques à notre cause et peuvent être de précieux auxiliaires.

Je vais résumer ici les impressions que j'ai rapportées de mon voyage, en entrant, autant que possible, dans le détail des questions les plus importantes.

SITUATION GÉOGRAPHIQUE

Le Tonkin est situé entre le 19° et le 23° de latitude nord, et entre le Frontières. 101° et le 106° de longitude est. Il est borné à l'est par le golfe du Tonkin, au nord par les provinces chinoises du Quang-Tong, du Quang-Si, et du Yun-Nan; à l'ouest par le Haut-Laos et Luang-Prabang; au sud par le royaume d'Annam.

Il se divise en deux parties bien distinctes : Division naturelle.

Le Delta proprement dit, plaine d'alluvion de formation récente, et qui Plaine d'alluvion — Delta. s'agrandit chaque jour vers la mer, sillonné de nombreux fleuves et canaux qui servent de moyens faciles de communication en même temps qu'ils arrosent et fertilisent le pays par des inondations périodiques, comme le Nil fertilise l'Égypte. On peut juger de l'accroissement rapide du terrain d'alluvion, par ce fait que Hanoï, aujourd'hui à 110 kilomètres environ du bord de la mer, à vol d'oiseau, était, au huitième siècle, une ville maritime, et qu'au dix-septième siècle, les eaux couvraient encore la moitié des terres cultivées aujourd'hui entre Hanoï et la mer. Le Delta forme un triangle isocèle, ayant pour base la partie du rivage comprise entre Quang-Yen et Ninh-Binh, et pour sommet, Sontay, au pied des montagnes. Il offre une superficie d'environ douze à quinze cent mille hectares, et renferme les riches provinces de Haï-Dzuong, Bac-Ninh, Hanoï, Sontay, Hong-Yen, Nam-Dinh, et une partie des provinces de Quang-Yen au nord et de Ninh-Binh au sud.

Partie montagneuse. Autour de cette partie plate, s'étend et s'élève vers les frontières de Chine au nord, et vers le Laos à l'ouest, la partie montagneuse dont les sommets atteignent parfois 1000 à 2000 mètres, et qui constitue la partie la plus considérable, mais actuellement la moins peuplée et la moins cultivée du Tonkin. Elle renferme les provinces de Langson, de Cao-bang, de Thaï-Nguyen, de Tu-Yen-Quang, de Hong-Hoa, et une partie des provinces de Quang-Yen, de Ninh-Binh et de Thanh-Hoa.

Thanh-Hoa et Ngè-An. Au sud, vers l'étranglement produit par le rapprochement des montagnes du Laos et de la mer, le Tonkin est séparé de l'Annam par les riches provinces de Thanh-Hoa et de Ngè-An, mi-partie plaines et mi-partie montagneuses, faisant géographiquement partie du Tonkin, bien que le traité de Hué de 1884 les ait rétrocédées à l'Annam.

Superficie et population. La superficie totale du Tonkin est environ de 14 millions d'hectares, et sa population totale est estimée à près de 12 millions d'habitants. Mais dans ce chiffre, le Delta compte à lui seul pour près de 10 millions d'habitants, ce qui, pour une superficie de 1.200.000 à 1.500.000 hectares, donne environ sept à huit habitants par hectare ou 700 à 800 par kilomètre carré, c'est-à-dire quatre fois plus que dans les contrées du globe les plus peuplées.

Climat. La température du Delta est de 32° à 37° pendant les quatre mois de la saison chaude : juin, juillet, août et septembre. En mars, avril, mai et octobre, elle varie entre 20° et 32° ; enfin, de novembre à février, elle reste toujours inférieure à 20°, et s'abaisse parfois, pendant la nuit, jusqu'à + 5° ou + 6°. C'est la meilleure saison de l'année, surtout quand le temps est clair et ensoleillé.

Les pluies sont fréquentes tant en été qu'en hiver. Il n'y a pas, à proprement parler, de saison sèche, mais les pluies sont plus abondantes

au commencement de l'été, et s'additionnant à la fonte des neiges sur
les hautes montagnes, produisent les inondations annuelles auxquelles le
Delta est sujet. Comme en Chine et au Japon, la somme des beaux jours
est supérieure à celle des journées pluvieuses, et je dois dire qu'en
octobre et novembre, j'ai eu le meilleur temps qu'il soit possible de
souhaiter. Au printemps et en été, la brise souffle du sud-ouest, et la
température est parfois étouffante au gros de l'été. En hiver, la brise
souffle du nord-est. En automne, les typhons et les ouragans sont assez
fréquents.

SYSTÈME FLUVIAL

Le système fluvial du Tonkin peut se diviser en deux groupes princi- Division en deux
paux : celui du Song-Ca ou fleuve Rouge et de ses affluents à l'ouest; et groupes.
celui du Thay-Binh et de ses affluents à l'est.

Le Song-Ca ou fleuve Rouge, qui est le plus grand fleuve du Tonkin, Le fleuve Rouge.
prend sa source dans la province chinoise du Yun-Nan, coule diagonale-
ment du nord-ouest au sud-est et reçoit en route divers affluents, entre
autres, un peu au-dessous de Hong-Hoa et sur sa droite, la rivière Noire
venant des montagnes du Laos, et sur sa gauche la rivière Claire venant
comme le fleuve Rouge des montagnes du Yun-Nan; il se divise un peu
au-dessous de Sontay en deux branches, dont la principale passant à
Hanoï et Hong-Yen, vient se jeter dans le golfe du Tonkin par diverses
embouchures en dessous de Nam-Dinh, tandis que la branche secondaire
appelée Song-Hat ou Day, coule parallèlement à la branche principale,
reçoit en route divers affluents, entre autres le Diem-Giang-Phuong ou
rivière du Phu-Gno, et vient se jeter également dans le golfe du Tonkin
un peu au-dessous de Ninh-Binh, à quelque distance de la branche principale. Les bouches principales du fleuve Rouge et du Day sont le Cua-
Tra-Ly, le Cua-Ba-Lac, le Cua-Lac, et le Cua-Day. Le passage par
ces bouches n'est possible que par beau temps et pour des chaloupes ou
des navires d'un tirant d'eau inférieur à 2 mètres.

Le fleuve Rouge doit son nom aux terres rouges de ses bords qu'il
entraîne dans son cours, et qui restant en suspension dans l'eau lui
communiquent une teinte rouge qui au soleil a parfois des reflets pourpre.
Le fleuve Rouge est plutôt un torrent qu'un fleuve, son lit a souvent un
à deux kilomètres de largeur et atteint parfois des fonds de 18 à 20
mètres, mais dans beaucoup d'endroits et surtout aux confluents avec

ses tributaires, il se forme des barres qui n'ont souvent pas plus de 2 à 3 mètres de profondeur. Au-dessus de Hong-Hoa il n'est plus navigable dans la saison des basses eaux que pour des chaloupes de moins de un mètre de tirant d'eau.

La rivière claire.

  M.Romanet du Caillaud considère la rivière Claire ou rivière de Tuyen-Quan comme le fleuve principal du Tonkin, recevant à Bach-Hat comme tributaire, le fleuve Rouge qui lui communiquerait sa couleur rouge. Je ne crois pas qu'on puisse conserver cette opinion quand on a visité le confluent des deux fleuves, et pour ma part je l'ai étudié plus que je n'aurais désiré, y étant resté échoué en chaloupe à plusieurs reprises pendant des heures entières, et même d'une façon dangereuse. Le fleuve Rouge qui, à cet endroit, a plus de 1200 mètres de large et un cours parfaitement régulier de l'ouest à l'est, reçoit perpendiculairement à lui la rivière Claire qui n'a pas à cet endroit 50 mètres de large, a un cours bien plus rapide, et dont les eaux parfaitement claires disparaissent dans celles du fleuve Rouge. Il ne serait du reste pas exact de croire que cette couleur rouge vient seulement de la partie supérieure du cours du fleuve ; elle est alimentée par les éboulements des terres sur tout son parcours. Il est à remarquer que ni la rivière Noire, ni la rivière Claire, ni les affluents de droite du Day n'ont cette teinte rouge. Les eaux de la rivière Claire, et celles de la rivière du Phu-Gno sont parfaitement limpides. Celles de la rivière Noire sont plutôt jaunâtres.

Déplacement du lit du fleuve Rouge.

  Le cours du fleuve Rouge se déplace chaque jour, ce qui rend la navigation du fleuve très difficile à cause des déplacements des barres et mêmes des îles, et les cartes qui ont quelques années d'existence ne sont plus exactes aujourd'hui. Pour ne citer qu'un fait, l'île qui se trouve en amont d'Hanoï, et qui arrive aujourd'hui jusqu'à la douane, était il y a quelques années bien plus haut, tandis que la partie sud de la ville où se trouve la concession s'en va chaque jour avec les éboulements.

Villes principales arrosées.

  Les villes principales arrosées par le groupe du fleuve Rouge sont : Lao-kay sur la frontière de Chine, Tuyen-Quan, Hong-Hoa, Sontay, Hanoï, Hong-Yen, Phuly, la mission catholique de Keshö et Nam-Dinh.

Le Thaï-Binh.

  Le Thaï-Binh qui arrose la partie nord-est du Tonkin est formé de la réunion du Song-Cau qui vient des montagnes de Cao-Bang, et passe à Thaï-Nguyen, et de la rivière du Loch-Nam qui vient des défilés de Lang-Son, et qui reçoit elle-même le Thuong-Giang sur sa droite avant son confluent avec le Song-Cau. Le Thaï-Binh se subdivise ensuite en deux branches : la branche principale qui passe à Haï-Dzuong et se jette dans le golfe du Tonkin par plusieurs embouchures dont la plus importante est le Cua-Thaï-Binh accessible à des navires de 2 à 3 mètres de tirant d'eau ; et la branche secondaire le Song-King--Thay qui passé à Haï-Phong et se jette dans le golfe de Do-Son par le Cua-Cam, et communique par divers canaux avec la rivière de Quang-Yen qui se jette aussi dans le golfe de Do-Son par le Cua-Nam-Trieu à une petite distance du Cua-Cam. Ces deux embouchures sont accessibles à haute marée, à des navires de 5 à 6 mètres environ de tirant d'eau.

Les villes principales arrosées par le groupe du Thaï-Binh, sont : Bac-Ninh, Haï-Dzuong, Haï-Phong et Quang-Yen.

En dehors de ces deux groupes principaux, il y a quelques rivières Rivières isolées. isolées et peu importantes comme la rivière de Thanh-Hoa, et quelques torrents qui se jettent dans la mer entre Quang-Yen et la frontière chinoise au nord.

Comme je l'ai dit les deux groupes du fleuve Rouge et du Thaï-Binh Canaux. communiquent entre eux par de nombreux canaux dont les principaux sont :

Le Ba-luong qui partant de la rive gauche du fleuve Rouge un peu Le Ba-luong. au-dessous de Sontay et en face du Day rejoint le Song-Cau un peu au-dessus de Bac-Ninh, et n'est navigable que dans la saison des hautes eaux ;

Le canal de Bac-Ninh ou des Rapides part de la rive gauche du Canal des Rapides. fleuve Rouge un peu au-dessus de Hanoï et rejoint le Thaï-Binh presque en face du Song-Kinh-Thay. C'est la route la plus directe entre Hanoï et Haïphong ; malheureusement elle n'est utilisable que pendant les hautes eaux ;

Enfin le Cua-Lac ou canal des Bambous part de la rive gauche du Canal des Bambous. fleuve Rouge près de Hong-Yen et rejoint le Thaï-Binh entre Haï-Dzuong et la mer. C'est la route qui sert de communication entre Hanoï et Haïphong pendant l'hiver ; c'est la plus longue, et les navires d'une certaine dimension et d'un tirant d'eau supérieur à deux mètres, venant de Hanoï, sont obligés de remonter le Thaï-Binh jusqu'au dessus de Haï-Dzuong et de redescendre à Haïphong par le Song-Kinh-Tay. Les chaloupes d'un faible tirant d'eau économisent une partie de cette route, ne remontent pas jusqu'à Haï-Dzuong, et rejoignent Haïphong par le Lach-Tray et le Song-Tam-Bac qui se déverse dans le Song-Kinh-Thay Song-Tam-Bac. à Haïphong même.

PORTS ET VOIES DE COMMUNICATION

Haïphong.
Haïphong est actuellement le seul port directement accessible de la mer pour les navires d'un certain tonnage et communiquant directement avec l'intérieur du pays par le système fluvial du Tonkin. Les diverses embouchures du fleuve Rouge et du Thaï-Binh peuvent à la rigueur donner accès à des navires d'un faible tirant d'eau lorsque la mer est calme, mais ces embouchures ne sont pas suffisamment abritées, elles sont de plus d'un accès difficile, et ne permettent nulle part l'établissement d'un port proprement dit.

Haïphong, situé sur la rive droite du Song-Kinh-Thay, à son confluent avec le Song-Tam-Bac, est bâti sur un terrain d'alluvion de formation très récente, dont l'instabilité rend difficile la construction et l'établissement de quais et de docks. La rivière qui a plus d'un kilomètre de large à cet endroit offre des fonds variant de 6 à 18 mètres, mais le mouillage n'est pas abrité, et les typhons vers la fin de l'été et en automne y sont quelquefois dangereux. Haïphong est à 11 milles ou 20 kilomètres de la barre intérieure du Cua-Cam (embouchure du Song-Kinh-Thay) qui a $2^m 50$ de fond aux basses eaux. La barre extérieure située à 3 milles plus loin a $3^m 50$. La différence entre les basses et les hautes eaux étant d'environ 3 mètres, on voit qu'on peut pénétrer à Haïphong à la rigueur avec des navires d'un tirant d'eau de $5^m 50$ environ, soit environ 18 à 19 pieds, et dans quelques cas exceptionnels de 6 mètres ou 20 pieds.

Marées.
Les marées au Tonkin sont diurnes c'est-à-dire qu'il n'y a qu'une seule marée par jour, circonstance défavorable, mais ce n'est qu'aux environs de la nouvelle lune ou de la pleine lune que les marées donnent assez d'eau pour permettre l'entrée des navires de 18 à 20 pieds. Ces navires sont souvent obligés d'attendre plusieurs jours en dehors de la barre, le moment favorable pour entrer. Le mouillage en dehors de la barre n'étant pas abrité, les navires sont souvent obligés d'aller chercher un abri aux îles Norway situées à 20 milles de là, ou mieux dans la baie d'Along qui est merveilleusement abritée et parfaitement sûre mais qui, à cause des longs détours à faire, se trouve à plus de 30 milles de l'embouchure du Cua-Cam et à plus de 40 milles d'Haïphong. Pour les chaloupes, la baie d'Along peut communiquer avec Haïphong par Quang-Yen.

Mouillages.

Insuffisance de Haï-phong.
En résumé Haïphong n'est pas un port suffisant pour notre marine de

guerre ou pour les navires de commerce d'un fort tirant d'eau. Toutefois, comme il forme la clef du système fluvial du Tonkin et que les intérêts qui y sont déjà engagés chercheront à maintenir sa suprématie, il est probable qu'Haïphong restera longtemps encore l'entrepôt du commerce Il ne serait pas impossible d'en rendre l'accès plus facile.

On a parlé de creuser ou de draguer la barre. Je ne crois pas à l'effi- cacité de ce moyen. Il ne faut pas oublier que l'entrée du Cua-Cam a déjà deux barres situées l'une à 11 milles, l'autre à 14 milles d'Haïphong, et qu'il s'en formera d'autres plus éloignées à mesure que les terrains d'alluvion gagneront vers la mer. Cette raison porte même certaines personnes à croire qu'Haïphong est appelé à disparaître à la longue lorsqu'il n'aura plus d'intérêt comme port.

Mais il y a d'autres solutions, et en particulier celle qui consiste à arriver à Haïphong par le Cua-Nam-Trieu dont la barre a trois pieds de plus que celle du Cua-Cam. Le Cua-Nam-Trieu communique déjà à Haïphong par le Vang-Chau, petit canal qui relie la rivière de Quang-Yen à celle d'Haïphong; mais ce passage est difficile, dangereux et peu profond. A moitié distance environ d'Haïphong à la mer le Cua-Cam et le Cua-Nam-Trieu ne sont séparés que par une distance de 1000 à 1200 mètres de vases à travers lesquelles il serait facile de creuser un canal. Cela permettrait déjà d'arriver à Haïphong avec des navires de 20 à 22 pieds, par les hautes marées. Mais cela ne suffirait pas à rendre Haïphong accessible tous les jours et par tous les temps. Il faut donc chercher une entrée plus sûre ou un autre port offrant toutes les garanties désirables d'accès et de sécurité.

Quang-Yen est mieux situé qu'Haïphong au point de vue abri, et le terrain y est plus solide. On y trouve aussi de l'eau potable, ce qui n'est pas le cas à Haïphong. Mais le choix de Quang-Yen ne donnerait qu'un avantage de 2 à 3 pieds sur Haïphong, et on serait toujours obligé d'attendre les hautes marées, sans abri, au dehors.

La baie d'Along est le point le plus proche de Quang-Yen et d'Haï- phong offrant les conditions de facilité et de sécurité désirables. Mais comme je l'ai dit elle a le défaut de ne communiquer directement avec Haïphong et Quang-Yen, et par conséquent avec le système fluvial du Tonkin, que par la haute mer ou par des canaux peu profonds. La baie d'Along est un mouillage situé au milieu des îlots qui foisonnent au nord de la Cac-Ba, au pied des derniers contre-forts des montagnes de Quang-Yen. L'aspect de cette baie est fort pittoresque, elle offre un mouillage parfaitement sûr et d'un accès facile, surtout quand on aura

établi des phares à l'entrée et dans les passages qui y conduisent. Elle
est spacieuse et offre des fonds de six à vingt mètres sur de la vase ou
du sable. Elle a le défaut d'être très chaude en été à cause de la rever-
bération du soleil sur les rochers qui l'entourent, et elle est séparée de la
terre ferme du côté de Hon-Gay par des hauts-fonds, ou fonds à fleur
d'eau, de vase et de rochers de cinq à six milles de large. Les rochers qui
l'entourent n'offrent aucun débarcadère possible. Il n'est donc pas possible d'y établir un port dans l'état actuel, et l'établissement d'un port
sur la terre ferme coûterait des sommes énormes de creusement, et
aurait toujours le tort d'être isolé du système fluvial du Tonkin avec
lequel il faudrait le rejoindre par un chemin de fer.

Pour profiter de la baie d'Along le moyen qui semble le plus simple
et le plus pratique serait de s'en servir comme simple mouillage et de
la relier par un canal profond avec le Lach-Huyen qui mène à Quang-
Yen et où les eaux sont suffisamment hautes. Ce canal d'une longueur
d'environ cinq milles serait facile à creuser dans la vase et serait parfaitement abrité. Enfin il serait facile de relier directement le Lach-
Huyen avec le Cua-Nam-Trieu par un canal de deux milles de long.

La baie d'Along communiquerait ainsi directement, soit avec Quang-
Yen, soit avec Haïphong pour les besoins du commerce. Mais cela ne
résoudrait pas la question du port de guerre qui, de l'avis de beaucoup
de gens, serait trop coûteux à établir à Haïphong, et n'offrirait pas des
garanties suffisantes de sécurité. Ce port de guerre serait certainement
mieux situé à proximité de Quang-Yen ou même à la baie d'Along, et
voici à mon avis ce qu'il y aurait à faire pour l'établir dans la baie
d'Along, à l'endroit même du mouillage actuel :

Faire sauter la partie émergeant hors de l'eau d'un certain nombre
de rochers qui entourent la baie d'Along et, en comblant avec les débris
l'espace qui les sépare, établir un terre-plein sur lequel on pourrait
bâtir une ville maritime, qui aurait du même coup des quais naturels
sur des fonds d'au moins dix mètres, et des bassins naturels ménagés
entre certains îlots. Ces rochers sont en calcaire tendre et friable, dé-
sagrégé par le soleil au moins dans la partie émergeante, et ce travail
ne présenterait pas de difficultés sérieuses. La baie d'Along deviendrait
ainsi un port des plus sûrs et des plus commodes, et le travail de des-
truction des rochers entrepris pour l'établissement de la ville maritime
contribuerait à l'aérer et à la rendre moins chaude par l'élargissement
de la partie libre. Le vrai port pour les navires de tout tonnage se trou-
vant alors à la baie d'Along, on n'aurait plus besoin pour la commu-

nication avec le système fluvial du Tonkin par Quang-Yen et Haïphong
que d'un canal de faibles dimensions pour le passage des alléges, chaloupes et navires de rivière qui n'auront jamais un tirant d'eau supérieur à 2 mètres ou 2ᵐ 50 tout au plus. La baie d'Along a en outre
l'avantage de se trouver à proximité des gisements miniers les plus
importants du Tonkin, et c'est là aussi que devra aboutir, quand on le
construira, le chemin de fer qui reliera Hanoï à la côte.

Pour le moment, je ne crois pas que l'établissement d'un chemin de   Chemins de fer.
fer dans le Delta soit nécessaire. Il serait très coûteux à établir et n'offrirait pas d'avantage sur les routes fluviales actuellement existantes,
qui ne demandent que quelques rectifications ou le creusement de quelques nouveaux canaux peu coûteux, et qui permettent déjà de naviguer
dans tout le Delta avec des navires ou des chaloupes à vapeur de un à
2 mètres, et même 2ᵐ,50 de tirant d'eau, 8 à 12 mètres de large, sur
30, 40 et même 50 mètres de long. Au-dessus de Hanoï, et pour la
communication avec la Chine, la question est tout autre. En aucune
saison, le fleuve Rouge ne peut suffire à un commerce actif entre Hanoï
et le Yun-Nan ; l'établissement d'une voie ferrée dans cette partie sera
certainement nécessaire.

Actuellement, les transports dans tout le Delta se font par les jonques   Transports par ri-
du pays ou par les chaloupes à vapeur. Depuis la guerre, le peu de sécu-   vières.
rité a sinon fait disparaître, du moins considérablement réduit le trafic
des jonques ; mais la tranquillité et la sécurité lui rendront son ancien
essor. Plusieurs maisons de commerce européennes ou chinoises ont
établi un service régulier de chaloupes à vapeur, re les pentrincipales
villes du Delta, pour le transport des voyageurs et des marchandises ;
ces chaloupes remorquent au besoin des jonques.

Haïphong est actuellement relié à Saïgon et aux ports de la côte   Services maritimes.
d'Annam par un service régulier et bi-mensuel des paquebots des Messa-
geries Maritimes, et à Hongkong par un service hebdomadaire de
steamers appartenant à la maison Roque.

Le Tonkin possède un réseau très complet de routes et de chemins   Routes et chemins
très fréquentés, qui ne demanderaient qu'un peu d'entretien et quelques
améliorations. Le trafic se fait soit à dos de buffles ou de bœufs, soit à
dos d'homme, soit à l'aide de brouettes semblables aux brouettes chinoises, montées sur une seule roue, des deux côtés de laquelle on
dispose les fardeaux.

Le service ordinaire de la poste est assuré par des *trams*, ou coureurs   Trams.

qui se relayent de poste en poste comme en Chine et au Japon ; il est très rapide.

Postes.

Mais l'administration française, tout en utilisant parfois ces trams, a organisé un service régulier des postes et expédie ses courriers d'une ville à l'autre, soit par les services ordinaires des chaloupes du commerce, soit par des chaloupes lui appartenant. Les tarifs de la poste sont les mêmes qu'en France.

Télégraphie électrique.

Des lignes télégraphiques relient les principales villes du Delta entre elles et avec Saïgon et l'Europe. Le coût de la dépêche simple est de cinq centimes par mot entre Hanoï et Haïphong, de fr. 1,40 par mot entre Hanoï et Saïgon, et de fr. 10 par mot entre le Tonkin et la France.

Télégraphie optique.

L'autorité militaire a établi aussi un service de télégraphie optique, qui permet de faire communiquer entre eux les points non encore reliés par le télégraphe électrique, et en particulier les colonnes en marche avec le quartier général.

ASPECT DU PAYS, MŒURS, COUTUMES, ETC.

La plaine.

Le pays est fort pittoresque et très cultivé, surtout dans le Delta où, comme je l'ai dit, la population est très dense. La végétation est celle des tropiques, luxuriante et presque toujours verte. Les facilités de communication par eau et par terre contribuent à sa richesse. Les villes et les villages se succèdent sans interruption le long des routes et des cours d'eau, et constituent parfois des agglomérations considérables.

Habitations.

Arbres fruitiers.

Les maisons sont généralement entourées d'arbres fruitiers, tels que : bananiers, cocotiers, aréquiers, banians, goyaviers, caramboliers, pamplemousses, orangers de toutes sortes, cédratiers, etc.; d'arbres verts de différentes essences et de bambous. Les Annamites entourent aussi leurs habitations de fleurs de toutes espèces et de toutes nuances, qui contribuent à embellir le paysage. Les maisons dans les villages sont généralement fort simples, en torchis pour la plupart, et recouvertes d'un chaume fait, soit d'une herbe aquatique qui se conserve fort longtemps, soit de feuilles de lataniers et de bananiers. Le bambou constitue la majeure partie des charpentes et du treillage des torchis. Dans les villes, les maisons sont ordinairement construites en briques et couvertes de tuiles. On rencontre partout, le long des fleuves, des fours à briques et à tuiles chauffés avec des joncs. La terre argileuse pour la fabrication de ces briques se rencontre partout.

Dans tout le Delta, les terres sont basses. Fort peu élevées au-dessus du niveau du fleuve pendant la saison des basses eaux, c'est-à-dire d'octobre et mai, elles sont en partie recouvertes par les eaux pendant l'été. Les Annamites se protègent des inondations, en construisant leurs maisons sur des remblais de terre, mais malgré cette précaution il arrive souvent que le sol de la case est envahi par les eaux. Les fleuves sont contenus par des digues qui servent en même temps de routes, et il n'est pas rare de voir le fleuve pendant l'été couler au-dessus du niveau de la plaine. Le pays est en outre coupé de digues de distance en distance, en sorte que le terrain s'abaissant sensiblement bien qu'en pente très douce des montagnes vers la mer, ces digues permettent, à certains moments de l'année, d'irriguer à volonté et systématiquement les terrains de culture et surtout les rizières. Cependant les inondations naturelles dépassent souvent les besoins de l'agriculteur, aussi lorsqu'on parcourt le pays en chaloupe, voit-on au delà des digues d'immenses étendues d'eau qui ressemblent à des lacs ou à des mers intérieures. Mais lorsque les eaux sont plus basses, on navigue au milieu d'une verdure constante, pas un pouce de terrain n'étant perdu pour la culture ou la végétation naturelle du sol.

Les bords de la mer ne sont pas encore très fertiles, les terrains d'alluvion y étant encore trop bas, et trop inondés, mais la richesse du pays augmente à mesure qu'on s'enfonce dans le Delta vers les montagnes.

Les cultures principales du Delta sont celles du riz, du mûrier, de la canne à sucre, du ricin. On voit aussi en quantités l'igname, la patate, le taro (tubercule farineux), le manioc dont la racine sert à faire le tapioca, l'arachide dont les fèves produisent de l'huile, le sézame, la pistache commune, le bétel, le gaï ou ortie de Chine dont l'écorce fibreuse est utilisée pour confectionner les filets, les hamacs, etc.

Les animaux domestiques sont : le cheval ou plutôt un poney de petite taille mais fort et vigoureux, le buffle, précieux pour le travail des champs et les transports. Frugal, à moitié amphibie, le buffle convient très bien aux terrains de rizières ou marécageux. Le bœuf de petite taille bien qu'utile dans le Delta, sert surtout dans la montagne ; on trouve aussi la chèvre domestique et le porc ; ce dernier est élevé en grandes quantités autant pour sa chair que pour sa graisse. On en compte différentes espèces, entre autres, l'espèce ordinaire du Tonkin, petite sur jambes, le ventre traînant à terre, et une espèce plus grande du Laos. On les nourrit à très bas prix avec une espèce de mousse de marais mélangée de son de riz. La chair en est très bonne, mais le lard est un peu mou, probablement à cause de la nourriture trop légère. On pourrait facilement corriger ce défaut par une nourriture plus substantielle. On élève aussi des volailles en quantité, des canards et des oies.

Nourriture. — Les Annamites se nourrissent surtout de riz, de maïs, de patates et de racines, de bananes, de fruits, de légumes et enfin de poisson que les rivières et la mer leur fournissent en grande quantité et d'excellente qualité. Ils ne mangent pas de bœuf, mais ils font un fréquent usage du porc, du chien, des volailles et des œufs. Dans les montagnes ils vivent aussi du produit de la chasse. Oe trouve en abondance le gibier à plume, les paons, les poules sauvages et le gibier à poil, chèvres sauvages, daims, cerfs et chevreuils, sangliers, etc.

Caractère des habitants. — L'Annamite qui habite le Delta est doux et inoffensif, travailleur modéré et très frugal. Il est de taille plus petite que le Chinois, de race jaune comme lui, il a aussi les yeux bridés, mais semble tenir davantage du Malais et du Japonais que du Chinois. Il paraît être d'un caractère plus souple et plus docile que ce dernier. On sait que les Japonais ont eu des colonies au Tonkin du quinzième au dix-septième siècle. On retrouve encore des traditions japonaises, non seulement dans beaucoup des usages et des coutumes, mais aussi dans le caractère et les aptitudes du peuple, et, à mon avis, ce fait qui m'a frappé aura une influence favorable sur la colonisation du pays.

Résultat des guerres civiles. — Les guerres civiles ont longtemps ravagé le pays, et le peuple longtemps opprimé et pressuré par les mandarins de Hué, pillé par les pirates et les bandits Chinois, sans aucune sécurité encore aujourd'hui, est devenu craintif et défiant et sans souci apparent de son bien-être. Beaucoup d'entre eux travaillent juste assez pour leur entretien et leur nourriture et le payement des impôts, ne se préoccupant guère d'amasser un pécule qui ne leur profiterait probablement pas. Mais tout porte à croire qu'une fois la sécurité rétablie dans le pays, l'instinct travailleur et industrieux du peuple reprendra vite le dessus,

Costumes des habitants. — Les Annamites portent les cheveux longs, et les relèvent ordinairement sur la tête en forme de chignon retenu par un peigne en écaille. Leur vêtement se compose en principe d'un large pantalon retenu à la taille par une ample ceinture d'étoffe nouée par devant et dont les extrémités flottantes retombent presque jusqu'aux genoux et d'une tunique plus ou moins longue à larges manches boutonnée et croisée par devant. Le peu—

ple se contente ordinairement de ce vêtement et va nu-pieds et tête nue, mais beaucoup se ceignent la tête d'une pièce d'étoffe de couleur sombre en forme de turban. Dans les classes pauvres la tunique est souvent supprimée et le torse est nu. Enfin dans les champs et parmi les hommes de peine, il n'est pas rare de les voir sans autre vêtement qu'une ceinture d'étoffe autour des reins et entre les jambes à la façon des Japonais. Les gens aisés portent une tunique légère sur le corps, une tunique plus ample et plus étoffée par dessus et des souliers en cuir. Les vêtements des femmes diffèrent peu de ceux des hommes sauf qu'elles ne portent pas la ceinture, que la tunique est plus longue et qu'elles ont presque toujours une tunique de dessous.

Les hommes s'abritent du soleil ou de la pluie, à l'aide d'un chapeau en bambou laqué de forme conique, dans le genre de ce que nous appelons un chapeau chinois ; les femmes portent toutes un large chapeau plat en bambou tressé d'environ 75 centimètres de diamètre, à bords rabattus et muni d'une longue bride de soie descendant jusqu'à la ceinture. La richesse de cette bride est un signe de distinction. Les femmes annamites s'ornent de boucles d'oreilles, de bracelets et de bagues. Les hommes en font aussi quelquefois usage.

Chez la classe pauvre, tout le vêtement est en cotonnade, ordinairement de couleur brune. Dans les classes riches, la plus grande partie des vêtements, et souvent la totalité, est en soie de couleurs plus ou moins voyantes. Pendant l'hiver, l'usage des vêtements de laine légère, d'origine européenne, est assez répandu et l'importation en prendra probablement, dans l'avenir, une certaine importance. _{Nature des vêtements.}

Tous les Annamites, hommes et femmes, fument le tabac, soit en cigarettes, soit dans de petites pipes à eau. Quelques-uns fument l'opium comme les Chinois. Tous chiquent le bétel. La chique de bétel se compose d'une feuille de bétel fraîche, dans laquelle on roule un peu de chaux, un quartier de noix d'arec, un morceau de *joy* (espèce de bois rouge), un peu de tabac et un peu de menthe. Cette chique procure une salivation abondante rougeâtre qui colore les lèvres en rouge, ainsi que les dents, lorsque celles-ci ne sont pas déjà laquées, comme c'est l'habitude chez la plupart des femmes Annamites, de même que chez les Japonaises. La chique de bétel a pour propriété de calmer la soif, et on la dit bonne pour l'estomac. Beaucoup d'Européens prennent vite l'habitude de chiquer le bétel. Il est certain que, pendant la chaleur, la feuille de bétel est agréable à mâcher, comme la feuille de thé fraîche.

L'usage général de chiquer le bétel donne une grande importance à la culture du bétel et de la noix d'arec. Le bétel se cultive en espalier près des maisons et demande beaucoup de soins. La noix d'arec vient sur l'aréquier, espèce de palmier très élevé dont la récolte rapporte un franc par an environ ; il dure cinquante ans. Il se fait un grand commerce de noix d'arec avec la Cochinchine et l'île d'Haïnan. La noix d'arec s'emploie fraîche ou sèche, la feuille de bétel s'emploie toujours fraîche. L'aréquier donne également une espèce de choux palmiste fort estimé.

Villes.

J'ai dit que les habitants des campagnes se vêtissent d'une façon simple et parfois élémentaire, surtout quand ils se livrent au travail des champs, qui est leur principale occupation. Cependant, ceux d'entre eux qui sont dans l'aisance ne laissent pas que de déployer un certain luxe de toilette, soit chez eux, soit par exemple lorsqu'ils ont à aller à la ville prochaine pour des emplettes ou pour le marché. Dans les villes, l'aspect de la population change. Elle est plus raffinée, affiche un certain air d'aisance et de coquetterie et porte des vêtements plus riches et plus voyants. Les habitants des villes sont surtout artisans ou industriels. C'est dans les villes, ou tout au moins autour des villes, que se tissent surtout les étoffes. C'est là que se font les incrustations de nacre sur bois de fer, les broderies sur soie ou sur drap, là aussi que l'on fond ou cisèle les bronzes et les cuivres.

Marchés

C'est enfin dans les villes que se font le commerce et les échanges. Les boutiques y sont nombreuses et le mouvement continuel. Mais c'est surtout le jour de marché que la ville prend un air de fête. Les marchés ont lieu tous les cinq jours, à date fixe, dans chaque ville. L'aspect en est fort mouvementé, et ce qui contribue à leur donner un caractère tout particulier, c'est qu'on n'y voit guère que des femmes, toutes les transactions au Tonkin se faisant presque exclusivement par l'intermédiaire de la femme, qui y est vraiment l'âme du commerce. Les grandes villes n'ont pas le monopole de ces marchés. Chaque bourg, chaque commune a aussi son marché sur une plus petite échelle.

Les montagnes.

Lorsqu'on sort du Delta, l'aspect du pays change, ainsi que les mœurs et les habitudes des habitants. Les communications sont moins bien assurées ; les fleuves ou les rivières étant plus encaissés, plus rapides et moins profonds, la navigation devient difficile et souvent impossible. Les routes sont moins bien tracées ; le pays, couvert de forêts et de broussailles, est moins bien cultivé. Cependant le terrain y est fertile, et il suffirait dans beaucoup d'endroits d'opérer des défrichements intelligents pour obtenir des champs de culture facile. J'ai remarqué sur les bords

de la rivière Noire et de la rivière Claire, au mois de novembre, des
berges de six à huit mètres de haut, formées entièrement de terres meubles. Ces berges sont parfois couvertes par les eaux au moment des crues
pendant l'été, mais l'eau y séjourne moins longtemps que dans les terres
basses du Delta. Dans les gorges des montagnes et le long des rivières,
on retrouve quelques-unes des cultures du Delta ; mais, sur les plateaux
et sur les pentes, on cultive plus particulièrement le riz de montagne, le
maïs, les légumineuses, les arachides, les patates de toutes sortes, et
enfin le thé.

A mesure qu'on s'élève, on rencontre des forêts qui ont la réputation Forêts.
d'être malsaines. A en juger par ce que j'ai vu dans les montagnes de Fièvres.
la rivière Noire, je suis d'avis, avec d'autres personnes, que cette insa-
lubrité n'est pas sans remède. Ces forêts vierges, d'une vigueur de
végétation étonnante, actuellement peu ou point exploitées, présentent
des abris impénétrables aux rayons du soleil, où pourrissent des amas de
feuilles, de débris d'arbres et de plantes. C'est au printemps, m'ont dit
les Muongs de la rivière Noire, que les fièvres se développent avec le
commencement de la chaleur, mais elles ne durent qu'un ou deux mois
et disparaissent avec les pluies de l'été. A voir les robustes santés de ces
montagnards — le père du Dinh-Van-Vinh a quatre-vingt-quatre ans et
jouit d'une excellente santé — on ne dirait pas qu'ils en souffrent beaucoup ;
ils les traitent, m'ont-ils dit, par des sacrifices aux dieux. En hiver, ces
montagnes paraissent saines, et je crois qu'on réussirait très vite à les
assainir en brûlant les fourrés impénétrables et en éclaircissant les bois
de haute futaie. J'ai trouvé au milieu des bois, dans les montagnes de
Tu-Fam, des ruisseaux d'eau vive descendant des sommets ; sur la foi des
récits que j'avais entendus, je croyais ces eaux malsaines et j'hésitais à
en boire; mais nos guides nous ont assuré qu'elles étaient parfaitement
inoffensives en cette saison. Comme nous étions altérés, nous en avons
bu à plusieurs reprises sans en être incommodés, et nous les avons trou-
vées excellentes. Le pays est infesté de petites sangsues de terre qui
montent dans les jambes et opèrent des saignées, probablement fort salu-
taires contre les insolations.

La partie montagneuse est surtout habitée par des tribus natives à Les Muongs.
peu près indépendantes, ayant des chefs à elles. Ce sont surtout les Moïs
de Cochinchine et de l'Annam et les Muongs du Tonkin. Les Annamites
les appellent des sauvages : en réalité ce sont des montagnards vivant
fort tranquillement du produit de leur chasse, et du produit de la terre
dont ils cultivent à peu près strictement ce qui est nécessaire à leurs

besoins. Ils sont nominalement sous la dépendance des mandarins Annamites, mais dans la pratique ils échappent à peu près à cette autorité, et
vivent isolés, ayant peu de relations avec la plaine. Leurs maisons sont
en bambou, couvertes de chaume, et construites sur pilotis à deux ou trois
mètres au-dessus du sol autant pour éviter l'humidité du sol pendant
l'été que pour se défendre des fauves qui sont assez nombreux dans les
montagnes. Ils élèvent du bétail et des volailles. Ils sont tous armés de
fusils et de sabres autant pour leur défense que pour la chasse. Leurs
fusils se composent d'un long canon et d'une petite crosse ressemblant à
celle d'un pistolet, et que l'on épaule contre la joue ; ils sont à mèche.
Ce sont les mêmes fusils que j'ai vus entre les mains des paysans japonais.
Ils s'en servent avec beaucoup de précision. Leurs sabres ont aussi beaucoup d'analogie avec les sabres japonais et coupent fort bien. Ils
sont de mœurs douces et hospitalières, beaucoup plus loyaux dans leurs
relations que les habitants de la plaine, précisément parce qu'ils sont
plus libres. J'ai reçu chez les Muongs de Doc-Tru près de Phu-Gno, et
de Tu-Fam dans les montagnes de la rivière Noire, l'hospitalité la
plus cordiale, et je me sentais en parfaite sécurité au milieu de tous
ces gens armés.

Dans les gorges voisines des frontières de la Chine, m'a-t-on dit,
vivent des réfugiés chinois qui, établis là depuis longtemps, ont fait
commerce avec la population du pays, et se sont mélangés avec elle.

ORGANISATION ADMINISTRATIVE

Division.

L'organisation administrative du pays a beaucoup d'analogie avec
celle de la Chine. Les provinces, administrées par un gouverneur
ou Tondoc, se divisent en préfectures, sous-préfectures et communes.
Chaque commune a son maire, ordinairement choisi parmi les notables
de l'endroit, Tous les autres officiers sont nommés par la cour de Hué
et sortent de la classe des lettrés. Fort bien installée théoriquement, cette
organisation est détestable dans la pratique, à cause de la corruption de
l'administration civile. Les officiers, fort peu payés, vivent d'exactions
et de rapines, et n'ont pas les moyens de maintenir l'ordre quand il en
est besoin. Les impôts se payent en argent et en nature, mais ils n'ont
pas d'assiette fixe, et beaucoup de taxes sont actuellement prélevées
par les pirates ou des mandarins imposteurs. Les impôts en nature

Corruption adminis-
trative.

Impôts.

varient suivant les localités : c'est ici du riz, là des étoffes de soie; en
Thanh-Hoa, par exemple, ce sont des bois de construction, du miel et
de la cire, dans les montagnes, des cornes de cerf, etc. Les travaux
publics, tels que l'entretien des routes se font par corvées.

Sous le régime actuel de notre protectorat, l'impôt est perçu par
l'autorité Annamite. L'administration française n'a aucun droit de prélever l'impôt; elle a seulement le pouvoir de réclamer des gouverneurs
annamites des corvées pour les travaux d'utilité publique. Les seuls
deniers utilisés par l'administration française sont les revenus des
douanes.

Une des premières mesures à prendre après la pacification du pays,
sera d'établir l'assiette des impôts sur une base modérée et équitable,
et d'en consacrer le produit à l'organisation et à la protection du
pays avec l'aide d'administrateurs Annamites, nommés par nous et
convenablement rétribués.

COMMERCE

[Le commerce d'importation et d'exportation au Tonkin, a été jusqu'ici **Transactions au comptant.**
presque complètement entre les mains des Chinois. Il n'y a pas de
grands négociants indigènes.] Les transactions sont de peu d'importance, et se font surtout par l'intermédiaire des femmes et presque
toutes au comptant. [Il n'existe pas d'établissement de crédit indigène :
ce sont les Chinois, et en particulier la corporation Cantonaise qui servent
de banquiers, prêtant par petites sommes aux Annamites besogneux, et
à un taux d'intérêt usuraire d'environ 2 pour cent par mois.] **Usure.**
[Les négociants Chinois sont depuis longtemps établis en assez grand **Négociants chinois.**
nombre dans toutes les villes commerçantes, mais surtout à Hanoï où ils
forment une colonie importante, et où ils ont leur quartier.] Bien qu'ils
conservent avec un soin jaloux leur costume national et une partie de
leurs usages, ils se mêlent assez volontiers à la vie Annamite qui diffère
peu de la leur, se marient avec des femmes Annamites, et restent volontiers dans le pays. Ils sont en majeure partie originaires de Canton, et
quelques-uns d'entre eux ont déjà passé par la Cochinchine française, et
parlent le français. Quoique soumis officiellement à l'autorité annamite,
sauf ceux qui sont ou se disent Français, celle-ci paraît avoir peu d'ac-
tion sur eux; aussi conservent-ils avec soin leur prérogative de sujets

Chinois, et leurs enfants bien que métis et nés dans le pays, s'habillent à la chinoise et se disent Chinois, tandis que leurs attaches dans le pays leur facilitent leurs opérations de commerce.

Monnaies.

Les monnaies d'échange sont : la ligature, la piastre, le taël monnaie fiduciaire, et la barre d'argent qui vaut dix taëls.

Le cours de la piastre en francs était au moment de mon départ, fin novembre, de 4 fr. 60.

Le taël, monnaie fiduciaire, représente le poids d'une once d'argent. Son cours par rapport à la piastre varie ordinairement de $ 1.33 à $ 1.40, et valait au mois de novembre 6 fr. 40.

La ligature ordinaire se compose de 600 sapèques de zinc, et sert aux transactions courantes, aussi les Annamites en portent-ils toujours au marché une certaine quantité sur leurs épaules. Dans les boutiques on en a toujours une forte provision. Son cours par rapport à la piastre varie de 6 1/2 à 7 1/2 ligatures pour une piastre. En francs elle vaut de 0,60 à 0,70 centimes.

La ligature se divise en 10 tiens. Le tien vaut donc six à sept centimes. La valeur de la ligature varie d'ailleurs suivant les localités.

Outre la ligature ordinaire en zinc, il y a la ligature de cuivre créée par décret du 20 juillet 1880, se composant de 500 sapèques de cuivre et valant le double de la ligature de zinc.

Maisons françaises.

Depuis 1874, quelques maisons de commerce françaises se sont établies au Tonkin, et leur nombre ainsi que leur importance va en grandissant; mais, sauf pour leurs besoins domestiques, ces maisons, à l'exemple de l'administration française, se servent exclusivement de Chinois pour

Intermédiaires.

leurs relations d'affaires avec les Annamites. Cela vient probablement de ce qu'elles ont trouvé les Chinois déjà établis, au courant de la routine des affaires, et prêts à leur servir d'intermédiaires, moyennant commission avouée ou sous-entendue. Il n'est pas du tout impossible de se passer de ces intermédiaires. Ils peuvent être souvent utiles à la vérité, mais le secret de leur influence ou de leur nécessité gît, à mon avis, dans une espèce de paresse morale des Européens à se plier aux besoins et aux exigences de leur position dans un pays nouveau, et en particulier à l'ennui d'apprendre la langue du pays, tandis que le Chinois vient immédiatement leur parler leur langue.

Compradores chinois.

Lorsqu'on ouvrit le Japon, les maisons anglaises amenèrent avec elles

leurs *compradores* Chinois pour les aider dans leur commerce, et
elles ont continué depuis à s'en servir. Mais j'ai connu plusieurs maisons,
et en particulier presque toutes les maisons continentales, qui ont utilisé
dès le principe des intermédiaires japonais en apprenant la langue du
pays, et s'en sont bien mieux trouvé.

Au Tonkin il pourra en être de même. Il suffira d'étudier la langue Aptitudes commer-
annamite, ou d'apprendre le français aux Annamites. On croit généra- ciales des Chinois
                                                                       et des Annamites.
lement les Chinois plus négociants et plus commerçants. Cela peut être
vrai dans une certaine mesure, c'est-à-dire qu'ils sont peut-être plus
actifs et plus âpres au gain, et il est quelquefois plus commode de les
employer quand on ne veut pas se donner soi-même la peine de rechercher les affaires ou de les faire naître; mais il n'y a pas de raison pour
qu'on ne puisse pas traiter directement avec les Annamites qui, au fond,
sont tout aussi négociants que les Chinois. Il ne faut pas oublier que les
mandarins et les lettrés ont tué le commerce à leur profit. Il suffira de
rétablir la sécurité et de faire renaître la confiance dans le pays pour
voir le peuple s'occuper lui-même de ses affaires. Quant à l'honnêteté Honnêteté commer-
commerciale, on la trouve généralement chez tous les peuples de ciale.
l'Extrême-Orient. C'est une honnêteté relative si l'on veut, mais à
laquelle on peut se fier, et qu'il suffit d'étudier.

Pendant mon séjour au Tonkin, j'ai pu me rendre compte qu'il y
existe comme partout ailleurs des gens honnêtes et à qui on puisse se
fier; il suffit de savoir les trouver et de leur inspirer confiance.

Actuellement, le commerce extérieur du Tonkin est presque entière- Centres commer-
ment concentré à Haïphong et se fait, pour la plus grande partie, par ciaux.
l'intermédiaire de Hong-Kong, et pour une faible part avec Saïgon.

Mais la ville qui est appelée à prendre la plus grande importance au Hanoï.
Tonkin est certainement Hanoï, chef-lieu d'une des plus riches provinces du Tonkin, et merveilleusement placée par sa position centrale
quant au pays lui-même, et par rapport à la Chine et à l'Annam. Hanoï
est la vraie capitale politique et commerciale du Tonkin et, du reste, l'a
toujours été. Située sur la rive droite du fleuve Rouge, elle a eu jusqu'à
cent ou cent-vingt mille habitants qui se trouvent aujourd'hui réduits à
quarante ou cinquante mille, par suite des guerres des dernières années.
Une portion de la ville a été détruite, mais ce qui en reste a conservé
une belle apparence, avec de larges rues propres et bien alignées.
Un lac se trouve au milieu de la ville, ombragé de grands arbres et de
palmiers. Elle est entourée de temples et de parcs servant de but de

promenade. Elle était autrefois le lieu de rendez-vous des lettrés qui donnent le ton au pays. Elle a toujours été et elle est encore le grand centre du commerce intérieur et des industries locales, et en particulier de celle de la soie. La citadelle qui a plus de quatre kilomètres de tour est la plus grande citadelle du Tonkin.

Après Hanoï et Haïphong ou le nouveau port à créer dans les environs de la baie d'Halong, les villes qui me paraissent appelées à prendre une importance commerciale sont :

Nam-Dinh, sur les bords du canal de Nam-Dinh qui réunit le fleuve Rouge au Day, à 30 milles de la mer, chef-lieu de la province du même nom, très fertile en riz et en soie. Elle est actuellement la ville la plus importante du Tonkin après Hanoï, elle centralise les produits du sud du Delta et reçoit les jonques qui font le cabotage avec l'Annam. Elle possède une très jolie citadelle; ses rues sont larges et bien percées. La population qui atteignait, dit-on, avant les événements du Tonkin, le chiffre de 50.000 âmes, est réduite aujourd'hui à 12 ou 15.000.

Ninh-Binh, petite ville fort pittoresquement assise sur le Day, au pied des montagnes, est également le centre d'une riche province très fertile en riz, et commande les défilés qui conduisent au Thanh-Hoa et au Ngê-An.

Haï-Dzuong sur le Thaï-Binh, au centre des provinces du nord du Delta.

Thaï-Nguyen, au centre des plateaux miniers du nord.

Hong-Hoa, au confluent du fleuve Rouge et des rivières Noire et Claire, et sur la route de la Chine.

Enfin Lao-Kaï, pour les relations de transit avec le Yun-Nan, qui doivent certainement devenir avec le temps un appoint important du commerce du Tonkin.

DOUANES

La question douanière au Tonkin a été réglée par le traité de 1884 avec l'Annam abolissant à l'intérieur tous les droits de barrière et mettant les douanes dans les mains de l'autorité française.

Les droits à prélever sur toutes marchandises de provenance ou à destination de pays étrangers à la France, sont de 5 pour cent *ad valorem*.

Pour les marchandises de provenance ou à destination de Saïgon ou de France, ce droit est réduit à 2 1/2 pour cent *ad valorem*.

Exception est faite pour les riz et les sels qui payent 10 pour cent *ad valorem* (pour les riz le droit a été fixé provisoirement à $ 0,15 par pecul), et pour les opiums qui payent un droit fixe de 65 fr. par boule de 1 kilog. 400, poids brut, et qui doivent être plus tard soumis au régime de la ferme ou de la régie.

Le droit de 5 pour cent *ad valorem* est un droit modéré qui me paraît pouvoir être maintenu sans inconvénient, mais il a le désavantage de donner lieu à des discussions et d'encourager la fraude. Il serait préférable, dès que la tranquillité sera rétablie dans le pays, d'établir un tarif spécifique calculé sur la base maximum de 5 pour cent *ad valorem*. Ce système, bien plus facile dans l'application, donne d'excellents résultats en Chine, et vient d'être adopté en France. Droits spécifiques.

Pour ce qui regarde nos relations futures avec les provinces chinoises limitrophes, au point de vue du commerce de transit, la question est moins simple et présente des difficultés qu'il convient d'étudier sérieusement avant la conclusion du traité que nous aurons à faire avec la Chine. Droits de transit et
douanes chinoises.

CULTURES ET PRODUITS DU TONKIN

Je vais passer en revue les divers produits du sol qui peuvent, dès à présent, donner lieu à un commerce d'exportation, ou qui pourront, par la suite, se développer et prendre de l'importance, et enfin les cultures qui me paraissent pouvoir être utilement introduites.

LE RIZ

Le riz est le principal produit du sol, dans toutes les parties basses du Delta, et dans tous les terrains qui peuvent être facilement arrosés par les fleuves et les canaux. On compte actuellement au moins cinquante huit espèces ou variétés différentes de riz qui peuvent se diviser en trois ou quatre grandes catégories : Espèces et variétés

Le Nep, espèce de riz glutineux, très beau riz, plus gros et plus renflé que le riz ordinaire ; il sert surtout à la distillation, et se mélange pour cette distillation, au riz ordinaire. On le mange aussi, mais beaucoup de personnes ne l'aiment pas, parce qu'il empâte un peu sous la dent.

Le riz rouge, recouvert d'une pellicule rougeâtre.

Le riz de montagne.

Enfin le riz ordinaire, dont la production est la plus importante, et qui est préféré pour l'alimentation.

Les meilleurs riz viennent de Bac-Ninh et de Hanoï ; le riz de Nam-Dinh et de Ninh-Binh, centres importants de production, sont généralement de qualité secondaire. On peut dire qu'on cultive le riz toute l'année au Tonkin. En général, on fait deux récoltes sur le même terrain, une en été et une en hiver. Pour la première récolte, on sème en juin et on récolte en septembre ou octobre ; pour la seconde, on sème en octobre ou novembre, et on récolte en mai, la récolte d'hiver demandant toujours plus de temps que celle d'été. Dans certains terrains, on peut faire les semis de la récolte suivante sur les premiers terrains moissonnés de la récolte qui finit, pour les repiquer ensuite, à mesure que les autres terrains deviennent libres, ce qui fait en réalité plus de deux récoltes sur le même terrain. Mais cela n'est pas absolu et dépend beaucoup des circonstances. La double récolte ne paraît pas être toujours avantageuse, et il arrive que tel champ qui peut produire, par exemple, dix à douze sacs de riz pour une seule récolte annuelle, ne produira, si on veut faire deux récoltes, que sept à huit sacs par récolte, soit quinze à seize sacs au plus dans l'année. On ne fume jamais les champs de riz, ils sont fertilisés par l'inondation annuelle. Quand on ne fait qu'une récolte en été, on peut faire en hiver une récolte intermédiaire d'orge, de blé, ou de diverses légumineuses, mais surtout de coton. Il arrive, sur certains terrains trop élevés et où l'eau ne séjourne pas assez, qu'on fait, au contraire, en été la récolte du coton, et en hiver celle du riz. Il peut arriver aussi, dans les bas-fonds trop inondés en été, qu'on ne fasse qu'une récolte d'hiver. Les époques auxquelles on sème et on récolte ne sont pas fixes : elles varient beaucoup suivant les localités, mais aussi suivant la convenance des cultivateurs. Il n'est pas rare de voir dans des champs voisins, des riz à toutes les époques de croissance, depuis le semis de quelques jours jusqu'au riz en pleine maturité et prêt à être moissonné, ce qui facilite beaucoup le travail des cultivateurs.

La moisson du riz se fait ordinairement en coupant les gerbes de riz Moissons.
vers le sommet de la tige ; on laisse sur place la plus grande partie du
chaume, qui sert très souvent à faire fourrager les buffles. Dans ce cas,
le chaume laissé par les buffles est enterré sur place au moment du
labour et sert de fumure. Mais souvent aussi, on fauche la paille après
la récolte du riz.

Le riz moissonné est réuni en courtes gerbes que les paysans gardent Emmagasinage.
en magasin dans la partie supérieure de leurs cases, ne séparant le riz
qu'au fur et à mesure de leurs besoins dans le courant de l'année. Pour
les grandes provisions de riz, destinées à être vendues, et en particulier
pour les magasins du gouvernement ou des riches propriétaires, on
sépare immédiatement le riz du chaume, mais en tous cas, le riz n'est
jamais décortiqué au moment de la récolte. Il est emmagasiné à l'état de
paddy, c'est-à-dire avec sa balle, et ce n'est qu'au moment où il doit être Paddy.
consommé qu'on le décortique et qu'on le blanchit. Le riz se conserve
mieux ainsi et garde mieux son arome.

Jusqu'ici le riz du Tonkin a servi, surtout, à la consommation du pays
et aux besoins de l'Annam et de la cour de Hué. L'exportation n'en a
été permise qu'exceptionnellement. Il est fort estimé et paraît meilleur
que le riz de Cochinchine. Ce dernier s'exporte à l'état de cargo, conte- Riz cargo.
nant une proportion de 15 à 25 0/0 de paddy ou riz non décortiqué,
qui est nécessaire à sa conservation ; le riz de Cochinchine n'étant jamais
récolté très sec, sans addition de paddy il risquerait de fermenter. Le
riz du Tonkin, au contraire, est beaucoup plus mûr et plus sec et se
conserve mieux que celui de Cochinchine ; aussi peut-on parfaitement
l'exporter à l'état de riz blanc. Toutefois, comme la décortication par des Riz blanc.
moyens primitifs est mal-faite, il peut arriver que le riz blanc du Tonkin
contienne jusqu'à 10 0/0 de paddy.

Lorsque l'exportation du riz sera autorisée comme mesure générale,
et non plus à titre d'exception, il y aura lieu d'installer au Tonkin,
comme on l'a fait en Cochinchine, des machines à décortiquer le riz.

Jusqu'ici, on n'a guère exporté le riz du Tonkin qu'à Hong-Kong, soit
pour l'alimentation des Chinois de Canton, soit pour les besoins des distilleries. Le riz blanc n'a pas eu à souffrir de ce voyage rapide ; mais,
pour des voyages plus longs, tels que ceux d'Europe, il y aura lieu
d'étudier s'il conviendrait de faire du riz cargo, avec une certaine proportion de paddy, ou si on pourrait exporter, en sacs, le riz blanc absolument décortiqué. Enfin, pour de longs voyages par voiliers, il y aurait

peut-être avantage à le charger en paddy et à le décortiquer à l'arrivée, bien que le riz en paddy occupe le double d'espace du riz décortiqué.

Valeur du riz. Le riz de première qualité pour l'exportation valait à Hanoï, fin novembre dernier, $ 1,40 le pecul, ce qui, avec les frais jusqu'à Haï-phong $ 0,10 et les droits de sortie $ 0,15, le faisait revenir à $ 1,65 le pecul, ou fr. 7,60 le pecul, soit fr. 12,65 les 100 kilogr.

Le riz extra ou riz de tribut valait, à Bac-Ninh, $ 1,60 le pecul.

Chiffre de la production. Il est difficile d'apprécier exactement le chiffre de la production actuelle du riz au Tonkin. J'ai pris de nombreux renseignements à ce sujet, et j'ai cherché à me former une opinion sur l'avenir de cette production, en consultant les gens qui me paraissaient le mieux placés pour me renseigner; je dois dire que je me suis trouvé en présence de vues diamétralement opposées; les uns prétendant que la récolte du riz pouvait à peine suffire à la nourriture de la population, et c'est en partie à cette manière de voir qu'est due la mesure prohibitive de ces dernières années; les autres admettant la possibilité d'une exportation prochaine de 30 millions de peculs. Comme en beaucoup d'autres choses, la vérité doit être entre ces deux extrêmes.

On estime qu'il y a un million d'hectares de rizières cultivées, ou pouvant être cultivées actuellement dans le Delta. Si on calcule par analogie avec la Cochinchine qui produit 22 à 25 peculs de riz par hectare, avec une seule récolte, on arrive à une production de 33 à 38 millions de peculs avec deux récoltes dans le Delta. Mais on estime aussi, qu'il faut trois péculs de riz par tête et par an, pour la nourriture de la population, ce qui pour une population de 10 millions d'habitants représenterait environ 30 millions de péculs. Il ne resterait donc que 3 à 8 millions de péculs disponibles pour l'exportation, et ce qui semble donner raison à ce calcul, c'est que l'exportation du riz n'ayant pas été permise dans les dernières années, il n'y a pas eu d'excédent. Il faut cependant tenir compte de ce fait que la production a été forcément réduite par l'état de guerre dans lequel se trouvait le pays; en outre il est avéré que, malgré la prohibition, une grande partie du riz est allé clandestinement en Annam, en plus du tribut régulier et officiel, et j'ai vu lorsque j'étais à Phadiem, au mois de novembre, des quantités de jonques chargées de riz qui passaient en contrebande en Thanh-Hoa par les canaux de l'intérieur. Dans la pratique, on ne peut pas admettre non plus une consommation annuelle de 3 péculs par tête. Cette quantité serait nécessaire pour des hommes adultes, travaillant, et faisant du riz leur principale nourriture, mais tel n'est pas le cas pour une population

moyenne comprenant les femmes, les enfants, les vieillards, et se nourris-
sant en grande partie de patates, de légumineuses, de bananes et autres
farineux. Pour une telle population une moyenne de 2 1/2 péculs par tête
et par an est plus que suffisante, ce qui pourrait donner tout de suite
un excédent de 10 à 12 millions de péculs, annuellement. Si les cultivateurs n'ont pas la perspective de vendre leur excédent de riz, ils ne
produisent pas, mais si l'exportation est autorisée d'une façon régulière
et constante, le chiffre de la production augmentera certainement, à mesure surtout que le pays se pacifiera, et que la confiance aujourd'hui
absente renaîtra. Il ne faut pas oublier non plus qu'il y a beaucoup de
terrains à rizières, incultes, aussi bien dans le Delta que dans les vallées
qui y aboutissent. Il y a aussi beaucoup de marécages cultivés en ajoncs
dont on se sert pour chauffer les fours à briques, les distilleries, ou même
pour la cuisson des aliments. Une fois la sécurité des canaux et de la
navigation assurée, ces ajoncs pourraient être remplacés par les bois des
montagnes qui n'ont actuellement aucun emploi, et les marais à ajoncs
convertis en rizières pour la plupart.

La Cochinchine exporte déjà dix millions de péculs de riz avec cinq
cent mille hectares de terrains à rizières en une seule récolte : le Tonkin
avec un million d'hectares et deux récoltes pourra facilement exporter
le double de cette quantité, lorsqu'il sera pacifié.

Avec une portion de leur riz, les Annamites produisent de l'amidon, Amidon.
dont une part s'exporte déjà en Amérique, et qui pourra probablement par la suite donner lieu à un commerce d'exportation plus important.

J'ai apporté pour l'usage de la Chambre de commerce divers échantillons de riz et d'amidon.

Le maïs tient actuellement la seconde place dans la culture des céréales Maïs et autres cé-
réales.
au Tonkin. Il vient très bien dans tout le Delta, mais c'est surtout dans
les gorges qu'on le voit en abondance, et sur les berges des fleuves et
des rivières où il alterne avec la canne à sucre et le mûrier.

On cultive aussi le millet et l'orge dans les terrains élevés.

Le blé viendrait probablement très bien dans les plateaux défrichés.

SUCRE

Sur toutes les berges des fleuves, dans tout le Delta, et dans beaucoup Culture de la canne.
de terrains qui ne souffrent pas trop des inondations, on voit alterner la

canne à sucre avec le mûrier. C'est la canne annamite, petite et peu productive, elle dure deux ou trois ans. Elle n'est jamais fumée et ne profite que de l'engrais naturel que lui laissent les inondations.

Les Annamites produisent avec cette canne un sucre grossier qui est consommé en majeure partie dans le pays, et dont une portion s'exporte soit en Annam, soit en Chine. Les statistiques des douanes pour 1883, notent une exportation de 8.970 peculs = 538.200 kilogrammes d'une valeur de taëls 33.800 ou fr. 215.000.

Importance de cette culture. Les meilleurs sucres viennent du Phu-Gno, dans la province de Ninh-Binh, et de la province de Thanh-Hoa. Il est difficile d'apprécier l'importance de cette culture qui paraît être assez considérable, et les opinions sur la possibilité de son amélioration sont controversées. Il serait certainement possible d'introduire de meilleures espèces de canne et d'en améliorer la culture, mais on estime que les frais de culture seraient probablement trop grands pour le résultat obtenu. Les essais que l'on a tentés en Cochinchine n'ont pas donné jusqu'ici de résultats industriels satisfaisants. Il est vrai que les conditions de climat et de terroir diffèrent au Tonkin, ainsi que les conditions de main-d'œuvre qui y sont plus faciles.

A défaut de la canne à sucre on pourrait cultiver la betterave dans les parties encore en friche des plateaux où elle vient très bien, et réserver dans le Delta les terrains actuellement employés en canne à sucre, à la culture du riz, du mûrier ou du coton.

SÉRICICULTURE. — LE MURIER

Mûrier nain ou sauvageon. Le mûrier que l'on cultive au Tonkin dans tout le Delta et dans les environs du Delta que j'ai visités, sur les bords du fleuve Rouge, du Day et de leurs affluents, sur les bords de la rivière Claire et de la rivière Noire, est invariablement le mûrier nain à feuilles dentelées connu chez nous sous le nom de mûrier sauvage ou sauvageon. Il n'est jamais greffé. Parfois on rencontre quelques plants et même des champs entiers d'un mûrier dont la feuille ovale et à bords lisses est analogue à celle du mûrier greffé, mais en général la feuille de ces derniers plants est dure, et doit peu convenir aux vers. Il semble que le mûrier nain à feuille dentelée soit plus approprié au mode de culture adoptée dans le Delta, et peut-être même à la nature du terrain. Ces deux variétés portent généralement de petites mûres noires, et sont cultivées absolument de la même manière, sur souches basses, taillées au ras du sol chaque année, vers le mois de janvier. C'est aussi à cette époque que l'on procède, quand

il y a lieu, aux nouvelles plantations à l'aide de tiges provenant ordinairement de marcottes d'anciens plans, ou de semis de l'année précédente. Les
jeunes tiges commencent à donner de la feuille vers le mois de mars ou
d'avril, et dès ce moment on commence à la cueillir pour la nourriture
des jeunes vers. On fait ordinairement, m'a-t-on dit, cinq à six cueillettes Cueillette continue
de la feuille.
par an, suivant le plus ou moins bon rapport des plants. Mais en
réalité il m'a semblé que beaucoup d'éducateurs cueillent les feuilles au
fur et à mesure de leur venue et suivant les besoins des vers, laissant
toutefois autant que possible un léger bouquet de feuilles au sommet
de la tige pour permettre au plant de végéter. Dans les terrains inondés,
il arrive aussi qu'on ne peut cueillir la feuille pendant près de deux mois
de l'été à cause des inondations, ce qui donne un repos forcé aux plants.

Les Annamites fument le mûrier avec les divers engrais qu'ils ont à Conditions de cul-
ture.
leur disposition : litière de vers à soie, fumier de buffles, etc., une ou
deux fois par an; mais autant que j'ai pu m'en rendre compte, il ne semble pas y avoir de règle bien fixe à cet égard, et la fréquence aussi bien
que la qualité des fumures dépend beaucoup des moyens dont dispose
chaque cultivateur.

Le mûrier demande en général de grands soins de sarclage et de
labour, mais plus particulièrement encore avec le genre de culture
adopté au Tonkin, et je dois dire que j'ai vu beaucoup de champs où ces
soins n'étaient pas donnés d'une manière convenable, soit par suite de
l'incurie des propriétaires, soit à cause du manque de bras. Toutes les
terres du Delta et de ses environs paraissent convenir plus ou moins à
la culture du mûrier nain que l'on voit partout. Toutefois on choisit de
préférence les terrains les plus élevés et les moins sujets à un séjour pro-
longé des eaux qui risqueraient de faire pourrir les racines. L'humidité
à peu près constante au Tonkin, jointe à la chaleur continue du climat,
permet au mûrier de donner des feuilles fraîches presque toute l'année;
mais encore faut-il que les racines ne souffrent pas d'un excès d'humidité, et c'est là le grand écueil à éviter dans un pays plat comme le
Delta. C'est probablement pour cela qu'on y cultive le mûrier nain dont
les racines ne s'enfoncent pas trop profondément dans le sol. Sur certaines berges élevées et en particulier sur les bords du Day, et sur les
bords de la Rivière Claire, j'ai observé des plants bien venus avec des
tiges de deux à trois mètres et plus, mais en général, dans le Delta, le
mûrier est bas et mal venu, et la hauteur des tiges varie de 0^m,50 à
1^m,50 tout au plus. Dans bien des cas, ces champs de mûriers, vus à
distance ont tout à fait l'aspect de semis d'un an, et beaucoup de per-

sonnes qui ont observé le pays superficiellement, m'ont affirmé, que le mûrier au Tonkin se sème chaque année au printemps et s'arrache en hiver. Ce n'est qu'en visitant les champs de près qu'on voit qu'on a affaire à des souches de plus d'un an. La façon dont on plante le mûrier, en rangées trop serrées les unes contre les autres, laissant parfois à peine cinquante à soixante centimètres entre chaque rangée, n'est pas en général favorable à une bonne végétation, et dans beaucoup de champs où le soleil et l'air ne pénètrent pas assez librement, on voit les tiges étiolées ne donner que quelques rares feuilles vers le sommet. Certains cultivateurs, pour obvier à cet inconvénient, ont l'habitude de courber les branches vers le sol de façon à ce que l'air et le soleil puissent agir librement sur toute la longueur des tiges qui, en effet, produisent davantage dans cette position. Les champs de mûriers ainsi traités, ressemblent de loin à des champs de patates ou d'arachides. Les plants de mûriers durent généralement de trois à six ans suivant qu'ils ont été plus ou moins bien soignés, après quoi on les arrache et on les remplace par de nouveaux plants

Améliorations à apporter.

En résumé, la culture du mûrier au Tonkin ne me paraît pas, en l'état actuel, être l'objet de soins suffisants ; le mûrier, rapidement épuisé par de trop fréquentes cueillettes de la feuille, ne vit pas longtemps, et ne donne au ver à soie qu'une nourriture insuffisante ; mais je crois qu'avec des soins intelligents et des ménagements, on pourrait mieux utiliser l'espèce de mûrier actuellement cultivée qui paraît bien appropriée aux conditions de terroir et de climat. J'ai fait dans le jardin de mon habitation à Hanoï, vers la fin d'octobre, sur d'anciens plants absolument négligés et en fort mauvais état, des essais de taille et de fumure, et j'ai obtenu en trois semaines, des jets vigoureux, bien fournis et de fort belles feuilles.

Les lieux qui me paraissent les plus propres à la culture du mûrier au Tonkin sont les berges des fleuves et toutes les parties élevées du Delta, mais surtout les plateaux qui l'entourent et toutes les gorges des montagnes. Dans tous ces endroits, où l'eau ne séjourne pas au niveau du sol, il serait facile de cultiver le mûrier sur souches de dix à trente centimètres de haut, suivant les localités, comme cela se pratique dans le nord de la Chine et au Japon, en laissant entre ces diverses souches l'espace nécessaire au développement des racines et à la libre circulation de l'air et du soleil. Il faudrait renoncer au mode de cueillette continue des feuilles qui se pratique aujourd'hui, et le remplacer par des cueillettes espacées et proportionnées aux forces des plants et aux besoins d'une

saine végétation, en même temps qu'aux soins de fumure et de labour
qu'on pourrait leur donner. Il est impossible d'indiquer *à priori* quel
rendement on pourrait imposer à des plants bien traités, et cela demande
certainement des essais de culture ; mais je crois qu'on pourrait facilement faire sur le même plant au moins deux récoltes, une au printemps
et une autre en automne, et peut-être davantage, suivant les terrains. On
obtiendrait ainsi une feuille mieux nourrie, et rien ne s'opposerait dans
ces conditions à conserver les plants un plus grand nombre d'années
qu'on ne le fait aujourd'hui.

Il y aurait lieu aussi d'essayer d'importer au Tonkin les espèces du
nord de la Chine et du Japon. Ces mûriers sont cultivés dans leurs pays
dans les conditions que j'indique plus haut, et produisent dès la seconde
année de leur plantation. Ils donnent une feuille plus forte qui pourrait
alterner avec les feuilles des mûriers du Tonkin pour la nourriture des
vers à soie. La feuille du Tonkin, plus tendre, convient très bien aux
jeunes vers, tandis que celle des mûriers de Chine et du Japon me paraî-
trait préférable dans les derniers âges de leur vie.

LES VERS A SOIE

Les vers à soie que j'ai observés dans tout le Delta et les environs sont
à quatre mues, tous polyvoltins et presque tous à cocons jaunes ; les vers
à cocons blancs y sont rares. On les élève dans de grands paniers ronds
et plats en bambou, placés sur des étagères dans une chambre à part,
bien abritée du soleil. Le fond du panier est ordinairement garni, dans
le jeune âge des vers, de cendres de paille brûlée recouverte d'une feuille
de papier léger.

La pièce est fermée de tous côtés par des murs et un plafond en torchis,
le sol est en terre battue. Une ouverture est ménagée à l'arrière et une
au plafond sous le toit en chaume pour aérer la pièce. Ces deux ouver-
tures sont protégées par des stores en bambou à lames serrées, comme la
porte sur le devant. Pour protéger les vers à soie des fourmis qui en sont
très friandes et les tueraient infailliblement, les pieds des montants des
étagères plongent dans une série de trois à quatre plats concentriques en
faïence remplis d'eau ou d'huile. Parfois les moustiques pénètrent dans
la pièce et fatiguent les vers ; on est alors obligé d'aérer avec des
éventails. On évite autant que possible les odeurs, le bruit, la lumière.
De même que les Chinois, les Annamites attachent une espèce de supers-
tition à l'éducation des vers à soie, et j'ai eu tout d'abord beaucoup de

peine à pénétrer dans les magnaneries et à me livrer à mes études. Il est vrai que j'ai pu aplanir cette difficulté, le plus souvent après quelques pourparlers et l'offre d'un peu de monnaie. Je ne m'en suis pas tenu, du reste, à ce que j'ai pu observer ou apprendre chez les paysans, et j'ai contrôlé toutes mes études chez moi, en faisant moi-même des éducations, soit avec des vers pris à divers âges dans les chambrées de paysans, soit avec des vers éclos chez moi, en sorte que j'ai pu étudier à loisir toutes les phases de la vie du bombyx d'une ponte à l'autre.

Éducations.

On donne aux jeunes vers quatre repas par jour, avec les feuilles les plus tendres coupées menu. Quand ils sont plus grands, vers la troisième mue, on leur donne six repas par jour, et on choisit de préférence les feuilles les plus avancées. L'éducation dure environ vingt-cinq jours dans la saison chaude et environ trente jours en automne. A cette dernière époque, on est obligé de chauffer les magnaneries à l'aide de réchauds, la température extérieure s'abaissant en novembre et décembre jusqu'aux environs de 6° à 8° pendant la nuit. Lorsque les vers sont prêts à faire leurs cocons, ce qui se reconnaît aisément à une transparence plus marquée de la peau, à une teinte orangée, et aussi à ce qu'ils commencent à se promener bavant la soie et dédaignant la nourriture, on les prend à la main et on les place sur des claies en bambou garnies de menus branchages ou de tiges séchées d'arachides, et on expose ces claies à l'air et au soleil, afin de donner plus de vie aux vers qui, en général, paraissent assez faibles et comme anémiés. Dans l'intérieur de la pièce où ils ont vécu, ils feraient mal leurs cocons, probablement à cause du manque d'air et de l'excès d'humidité. Lorsqu'ils ont terminé leur travail, ce qui semble avoir lieu en une journée ou à peu près, on enlève les cocons et on les file le plus tôt possible. Les Annamites n'étouffent pas les chrysalides et ne conservent pas les cocons secs. Les cocons destinés au grainage sont mis à part et les papillons en sortent dix à douze jours après. Les œufs pondus par ces papillons sur des feuilles de papier éclosent au bout d'une dizaine de jours, lorsque la température est favorable, et une nouvelle éducation recommence. Pendant l'hiver, lorsque la température est trop basse, l'éclosion de la graine se trouve naturellement retardée et n'a lieu à l'air libre que lorsque la température s'élève de nouveau.

Durée des éducations.

La période d'une éducation à l'autre dure ainsi ordinairement de 45 à 50 jours, ce qui permettrait à la rigueur de faire six à sept éducations dans l'année, et d'après mes renseignements, il semblerait que l'on arrive parfois à ce nombre d'éducations. Mais en général, dans le Delta, m'a-t-on dit, on ne fait que quatre éducations ; une vers le mois d'avril, une vers le mois de mai et juin, une vers le mois de septembre ou octobre, et enfin la dernière en novembre, décembre. Cette dernière est plus longue que les autres à cause du froid, et on est obligé de chauffer la salle où elle a lieu. On supprime ainsi une éducation dans le gros de l'été à cause de la chaleur et des inondations, et une en hiver parce que c'est à ce moment qu'on taille les mûriers ou qu'on les remplace. Mais à la rigueur on peut en faire toute l'année, et il est certain que la succession des quatre éducations que je viens d'indiquer n'est pas absolue, les éducations étant subordonnées à l'éclosion des œufs, et aussi aux caprices ou aux convenances de l'éducateur. Il est évident aussi que tout en supprimant à certains moments l'éducation industrielle, on est tenu à faire de petites éducations pour se procurer la provision de graines nécessaires, les Annamites n'ayant à leur disposition aucun moyen pour retarder à leur gré l'éclosion des œufs, qui a lieu fatalement quelques jours après la ponte à cause de la chaleur. Dans la pratique on trouve des œufs au marché en toute saison.

Les vers à soie du Tonkin sont pâles, et leur peau est presque trans-parente au lieu d'avoir le teint mat des races d'Europe, du nord de la Chine et du Japon. La partie antérieure de la tête est si pâle qu'elle en est presque blanche, à l'encontre des races des pays tempérés qui l'ont très brune, et pourtant au moment de la naissance et avant la première mue cette partie est noire comme dans les races des pays tempérés. Ces vers ont l'air malade et anémié, ils n'ont pas de vigueur et ne se jettent pas sur la feuille avec la voracité des vers robustes. Ils ont les mouvements lents ; ils ne sont pas aussi gros que les vers des races annuelles, ils ont le corps plus fluet, et n'ont guère plus de cinq centimètres de long au moment de la montée. Les cocons qu'ils produisent sont d'un jaune un peu safrané et paraissent se ressentir de l'état d'anémie des vers. Ils sont très mous et très satinés ; ils sont allongés et légèrement pointus aux deux extrémités, sans étranglement vers le milieu ; il n'est pas rare d'en voir dont les extrémités ne sont pas complètement fermées ; leur longueur est de trois à cinq centimètres. Ils pèsent un peu moins d'un gramme : cinquante beaux cocons ont pesé quarante-trois grammes, soit environ 1163 cocons pour un kilogramme. Ils se vendaient à Hanoï au mois de novembre dernier environ un franc le kilogramme. Il ne m'a pas été possible de me renseigner exactement sur le rendement en soie des cocons frais, mais je ne crois pas être éloigné de la vérité en disant qu'il faut au moins 20 à 25 kilogrammes de cocons frais choisis pour produire un kilogramme de soie. La majeure partie des cocons faibles et mal formés ne servent pas à la filature, et est réservée au cardage. En Chine, j'ai vu les éducateurs laisser papillonner tous leurs cocons faibles dans le but de les débarrasser de leurs chrysalides, et carder les cocons percés qui en résultaient. Il est possible qu'au Tonkin le même usage existe, mais je ne l'ai pas vérifié. En général, la proportion des cocons faibles et chiques est assez considérable, cependant j'ai vu des récoltes assez bien réussies et où l'ensemble des cocons était bon. Les éducations portent sur de petites quantités, un peu moins d'une once de graines en général.

La salle qui sert de magnanerie est ordinairement une petite pièce de 16 à 20 mètres carrés tout au plus, occupant une des ailes de la maison et spécialement réservée à cet usage, malgré la pauvreté des habitants. Cela n'a rien d'étonnant puisque, les éducations durant presque toute l'année, l'usage de cette salle est presque constant. Cependant cette pièce sert quelquefois d'entrepôt lorsqu'on n'y fait pas d'éducation, les étagères servant aux éducations étant mobiles et pouvant se replier.

Maladies.

Les éducateurs que j'ai questionnés, disent qu'ils perdent peu de vers dans le jeune âge : ils en perdent parfois vers la montée qui refusent de faire leurs cocons, mais en général ils ne se plaignent pas de maladies régulières ou ayant un caractère épidémique ou contagieux. Cependant il arrive quelquefois qu'en raison du mauvais temps, m'a-t-on dit, ils perdent une grosse part de la récolte, mais c'est un fait accidentel. Je n'ai pas remarqué dans les vers que j'ai observés les caractères de la flacherie. J'ai vu peu de petits, mais j'ai trouvé parmi les papillons

Pébrine.

que j'ai examinés à diverses reprises et dans des localités différentes, une proportion à peu près constante de 30 à 40 pour cent, et même 50 pour cent de corpusculeux, mais en général à un degré faible, 50 à 200 corpuscules par champ.

Oudji.

L'Oudji existe au Tonkin comme au Japon et dans quelques districts de Chine voisins de la mer ; il fait quelques ravages qui peuvent atteindre, m'a-t-on dit, 10 et 20 pour cent.

Modifications à apporter.

On peut voir par ce qui précède que si les Annamites apportent des soins minutieux à leurs éducations, ces soins ne sont pas toujours intelligents et procèdent surtout de la routine. Mais en profitant des enseignements acquis en Europe dans les dernières années, on pourra arriver facilement et rapidement au Tonkin, grâce à la douceur du climat et à la richesse de production du sol, à d'excellents résultats en sériciculture. J'ai déjà indiqué comment on pourrait améliorer la culture du mûrier. Voici les modifications et améliorations qu'il me paraît utile d'introduire dans les éducations :

1° Modifier l'installation des magnaneries ;

2° Restreindre le nombre des éducations provenant d'une même semence ;

3° Fortifier la race des vers à soie existant actuellement au Tonkin ;

4° Ou bien introduire de nouvelles races plus robustes et surtout des races annuelles, auxquelles on conserverait leur caractère d'annualité par un hivernage artificiel des semences. ̄|

Les magnaneries qui sont actuellement installées au rez-de-chaussée Dans les magnane-
ries. sur le sol battu, sont fort humides et manquent d'air. Elles devraient être transportées au premier étage où il serait facile de les aérer à l'aide de cheminées et de prises d'air venant du rez-de-chaussée, tout en prenant les précautions ordinaires contre la trop grande chaleur. On pourrait également, dans les temps froids ou de grandes pluies, faire dans les cheminées des feux clairs qui, en même temps qu'ils faciliteraient la ventilation, aideraient à combattre l'excès d'humidité.

Pour ce qui est des vers à soie, de même qu'une production inces- Dans les éducations. sante de la feuille affaiblit et ruine les mûriers, de même une reproduction trop multipliée des vers à soie et l'éducation en toutes saisons, même par les temps les plus chauds et les plus humides de l'été, affaiblit la race et la conduit à l'anémie. Il y aurait lieu, non seulement de réduire le nombre des éducations, mais de choisir les saisons les plus favorables ce qui est possible, vu la facilité de végétation des mûriers qui peuvent donner de la feuille fraîche toute l'année. Déjà les Annamites reconnaissent que les meilleurs cocons se récoltent surtout au printemps et en automne, alors que la température est plus douce et l'air plus sec. On devrait donc supprimer les éducations pendant toute la saison chaude et pluvieuse, celle de la mousson de sud-ouest, et les faire au printemps, en automne et même en hiver. A l'aide de chambres frigorifiques on pourrait, en réglant convenablement la température, retarder à volonté l'éclosion des semences et la faire coïncider avec l'époque choisie. Cela aurait en outre l'avantage de fortifier les vers, et il est probable que l'on arriverait, de cette façon, à reconstituer, à la longue, chez la race polyvoltine du Tonkin, les caractères des races annuelles des pays tempérés. En tous cas, et quoi qu'il puisse résulter des études à entreprendre dans ce sens sur la race polyvoltine du Tonkin, il serait nécessaire de tenter immédiatement Introduction de nou
velles races. l'introduction de races annuelles étrangères.

Je ne crois pas que l'introduction de nos races européennes serait avantageuse, car j'ai remarqué déjà que des essais d'éducations faits en Chine sur des semences importées d'Europe ont donné des produits dégénérés. Cela tient probablement à la différence du climat qui est beaucoup plus chaud et plus humide en Chine qu'en Europe, au moment des éducations. Je ne crois pas non plus qu'il y ait avantage à introduire les races du Japon qui sont grossières et donnent un produit inférieur et plus onéreux à filer que les races d'Europe ou du nord de la Chine. En Europe où on les a importées pendant un certain temps, on y a renoncé dès qu'on a pu, grâce au procédé Pasteur, se procurer des semences saines de nos races de pays.

Race blanche du nord de la Chine. La plus grande chance de succès me paraît être dans l'introduction d'une des races à cocons blancs des environs de Shanghaï en Chine, et plus particulièrement peut-être de celle de Wusee qui a déjà donné en Italie avec des semences saines de très bons résultats. Les conditions atmosphériques des environs de Shanghaï au moment où s'y font les éducations des vers à soie, c'est-à-dire en avril, mai et juin, se rapprochent beaucoup de celles qu'on pourrait réaliser au Tonkin au printemps et en automne. Les conditions seules d'hivernage diffèrent, mais on sait aujourd'hui que l'hivernage artificiel des œufs de vers à soie remplace avantageusement l'hivernage naturel. Cette question ne serait donc pas un empêchement.

Hivernage artificiel. Grâce à un hivernage artificiel bien entendu, grâce surtout à la facilité de végétation du mûrier au Tonkin, on pourrait, à l'aide de races annuelles introduites, et en échelonnant la cueillette des feuilles de divers plants de mûriers, ainsi que l'éclosion de différents lots de graines de vers à soie, obtenir des éducations successives dans les saisons les plus favorables, et à peu près sans interruption d'octobre à mai. Et pour ne fatiguer ni les plants de mûriers ni la semence des vers, on ne demanderait par exemple à chaque plant de mûrier que deux récoltes de feuilles par an, tandis que chaque lot de graines de vers à soie ne fournirait qu'une éducation annuelle. L'étude et l'expérience indiqueraient bien vite quelle somme de production annuelle on pourrait imposer soit aux plants de mûriers, soit aux semences des vers à soie, sans épuiser les uns et les autres.

Essais d'éducation des races de Chine. Avant mon départ du Tonkin j'ai confié à quelques personnes des lots de graines cellulaires de la race blanche annuelle de Wusee, en les priant de les faire élever dans leurs localités respectives au printemps de 1885. Ces essais donneront déjà un aperçu des résultats qu'on pourrait obtenir au Tonkin avec cette race. Malheureusement ces essais ne seront

pas concluants, parce que l'hivernage naturel de ces graines au Tonkin ne sera pas suffisant, et que je n'avais aucun moyen d'hivernage
artificiel à ma dispositfon.

FILATURE DE LA SOIE

L'éducateur file quelquefois ses cocons chez lui, mais le plus souvent Mode de filature.
il les porte au marché qui se tient tous les cinq jours dans chaque
localité, et les vend à des filateurs qui emploient chez eux une ou plusieurs fileuses. A Nam-Dinh, j'ai vu des ateliers de six à huit fileuses,
filant même le soir à la lumière. Comme les éducations durent presque
toute l'année, la filature aussi peut se prolonger, bien que l'on file
les cocons non étouffés. Le procédé de filature est à peu près le
même partout, et les variations, quand il y en a, sont insignifiantes. La
fileuse s'installe n'importe où, sous un hangar ou dans la maison. Elle
est accroupie devant une bassine en fonte ou en cuivre, de 30 à 35 centimètres de diamètre, posée sur un petit fourneau en terre où l'on fait un
feu de bois, et que l'on alimente aussi avec de la balle de riz. L'eau de
la bassine est *presque bouillante*. La fileuse jette dans l'eau une
poignée de cocons, trente environ, qu'elle agite avec deux baguettes en
bois. Elle prend le frison de la main gauche, fait tomber les cocons avec
les baguettes, et en les trempant dans l'eau bouillante, détache la tête
du frison qu'elle jette de côté et étire le frison dont elle passe l'extrémité
à une petite fille ou un petit garçon chargé de tourner la roue du
dévidoir.

L'appareil à dévider se trouve en face de la fileuse, de l'autre côté de Filature à la tavelle
la bassine. Il se compose d'un cadre en bois supportant sur des coussinets
un cylindre grossier, composé de quatre pièces de bois assemblées autour
d'une tige en fer, et liées aux deux bouts, les extrémités de la tige en
fer servant d'essieu. Ce cylindre, qui fait les fonctions de dévidoir ou
d'asple, présente une circonférence d'à peine 15 à 25 centimètres, dans
la plupart des cas. Cependant, il y a aussi des cylindres présentant une
circonférence de 0^m,58 donnant de plus grandes flottes. Il a environ
0^m,50 de longueur, et peut recevoir plusieurs flottes de soie côte à côte.
Il est mis en mouvement au moyen d'un rouet à ficelle se composant
de deux roues de différents diamètres, l'une de 0^m,05 à 0^m,06, l'autre
de 0^m,25 de diamètre, ce qui permet au tourneur d'imprimer au cylindre
servant d'asple, un mouvement de rotation très précipité. Entre la bassine et l'asple, et un peu au-dessus de ce dernier, se trouve une baguette

en bois horizontale, portant des crochets où passent les fils de soie, et à laquelle un excentrique fixé à l'axe du dévidoir, imprime un mouvement de va-et-vient, qui sert à régler la disposition de la soie autour de l'asple, et à déterminer la largeur de la flotte. Enfin, plus en avant du dévidoir et près de la bassine, mais à 50 centimètres au-dessus du dévidoir, se trouve un axe horizontal supportant une série de petites tavelles sur chacune desquelles vient s'enrouler une fois le fil de chaque flotte de soie, avant d'arriver au crochet du réglage. Ces tavelles servent à la croisure et fonctionnent comme les tavelles de la filature italienne. Ordinairement, trois de ces tavelles se trouvent à main gauche de la fileuse et servent à la soie : une ou deux supplémentaires se trouvent à main droite, séparées des tavelles à soie par le poteau qui supporte leur axe, et servent au frison.

Lorsque la fileuse tient son frison à la main, après avoir battu les cocons, elle passe, comme je l'ai dit, une extrémité de ce frison au tourneur qui le croise sur la tavelle et le fixe ensuite au dévidoir auquel il imprime un mouvement lent de rotation. Le frison produit ainsi une flotte grossière. Quand la fileuse juge qu'elle a épuisé le frison, et que les brins de soie sont assez purgés, elle arrête la filature du frison, réunit tous les brins de soie purgés entre ses doigts, en fait trois faisceaux composés par conséquent chacun des brins de dix cocons environ, et elle passe successivement l'extrémité de chacun de ces faisceaux à son aide qui, après avoir préparé la croisure de chacun d'eux sur les tavelles, et les avoir fait passer dans les crochets du réglage, les attache comme pour le frison au dévidoir, et commence à tourner doucement d'abord. Quand il voit que tout marche bien, il imprime au dévidoir un mouvement très précipité, qu'il ralentit au besoin, sur un signe de la fileuse, ou de lui-même, s'il le juge nécessaire aux besoins de la filature. Pendant ce temps, la fileuse a pris une nouvelle poignée de cocons, qu'elle a battus, purgés, et après que le frison a été filé comme précédemment, elle se sert des cocons nouveaux qu'elle a en main pour garnir les trois bouts déjà en marche, suivant leurs besoins, et remplacer par des cocons neufs, les cocons qui ont donné toute leur soie, et ainsi de suite.

Grège irrégulière.
De la manière dont file la fileuse, la grège ne peut pas être très régulière, car les cocons ne tenant pas bien longtemps, elle n'a pas le temps, pendant qu'elle bat et purge ses cocons, de remplacer à point ceux qui ont fini de fournir leur soie au fil toujours en marche, et souvent, pour gagner du temps; elle jette plusieurs cocons à la fois, et même par poignée. Toutefois c'est question d'adresse de sa part. J'ai vu des fileuses

filer assez régulièrement, et j'ai eu occasion d'étudier des soies de dix à quinze deniers qui m'ont paru assez régulières. On voit que la fileuse mène ordinairement trois bouts à la fois, mais il peut arriver qu'elle n'en mène qu'un ou deux suivant son habileté personnelle ou la qualité des cocons, et j'ai vu des fileuses en mener jusqu'à quatre à la fois, malgré un tournage assez précipité. La soie la plus fine et la meilleure, celle dont les Annamites à Hanoï et à Nam-Dinh se servent pour tisser leurs étoffes, se file en petites flottes de 0^m,15 à peine de circonférence et de 0^m,05 de largeur et pesant environ 18 grammes. Ces flottes ont tout à fait l'apparence et la grosseur d'un rond de serviette ordinaire. Une bonne fileuse file trois de ces flottes à la fois en vingt minutes environ, et il m'est arrivé de voir filer ces trois flottes entièrement sans qu'un seul bout ait cassé. Lorsque la fileuse juge la grosseur des flottes suffisante elle coupe les bouts. Le tourneur enlève le dévidoir, fait tomber de chaque extrémité du cylindre une clavette qui tenait écartées les quatre pièces de bois dont il est composé, et qui en se rapprochant permettent de plier les flottes. En somme la filature annamite ressemble beaucoup à la filature japonaise, sauf que la croisure se fait à la tavelle comme en Italie, tandis qu'au Japon elle se fait sur un cheveu et imite plutôt la croisure à la Chambon.

Les flottes de 0^m,15 de circonférence sur 0^m,05 de largeur sont, comme je l'ai dit, destinées principalement à la fabrication des étoffes du pays, et sont redévidées pour cet usage, comme je le dirai plus tard. Toutes les flottes n'ont pas ces dimensions. Quelques-unes ont 0^m,25 de circonférence, et 0^m,02 à 0^m,03 de largeur et pèsent 17 à 18 grammes. D'autres ayant aussi 0^m,25 de circonférence, ont 0^m,10 de largeur et pèsent environ 25 grammes. Enfin il y a des flottes qui ont 0^m,56 de circonférence et 0^m,12 de largeur et pèsent 50 grammes environ. Ces dernières se mettent en paquets de six pesant environ 325 gr. La soie en est généralement plus grossière que l'autre et se vend ordinairement aux Chinois. Toutefois, les Chinois achètent également et indistinctement toutes les autres qualités, les payant en raison de leur valeur et les expédient redévidées ou non à Canton, où elles servent à remplacer dans la fabrication des tissus une portion des soies enlevées par le commerce étranger.

J'ai apprécié que la quantité de frisons était d'environ 33 0/0 du poids de la soie à vue d'œil, mais en tenant compte des têtes de frison que la fileuse rejette, le déchet doit dépasser 40 à 45 0/0 du poids de la soie. C'est encore un beau résultat si l'on considère la qualité inférieure des cocons. J'ai été surpris de la façon dont ils se dévident et se dépouillent généralement jusqu'à la fin, les chrysalides restant absolument nues après la filature, et peu de peaux sautant en bouchons. Il est vrai que ces cocons sont filés frais, et je crois qu'il est nécessaire de les filer ainsi pour en tirer un parti convenable, les battant peu et les laissant peu de temps dans l'eau.

Les fileuses sont généralement des fileuses de profession. J'ai vu à Nam-Dinh des jeunes filles et des femmes filant dans le même atelier, mais j'ai observé en particulier à Hanoï une fileuse âgée d'environ cinquante ans, faisant ce métier depuis trente ans au moins et filant fort bien, sans se laisser distraire de son travail par les curieux que mon étude attirait. Cela pourrait faire espérer de trouver facilement des fileuses assidues pour une filature à l'européenne.

La fileuse quand elle se nourrit reçoit cinq tiens (5/10 de ligature ou fr. 0,33) par jour. Quand on la nourrit elle reçoit deux tiens (2/10 de ligature ou fr. 0,13). Comme me le faisait observer mon interprète Trinh, la femme annamite travaille beaucoup, mais est peu payée. Cette observation est fort juste ; au Tonkin la femme fait plus de besogne que l'homme. Il ne faudrait cependant pas se baser absolument sur ces prix, Si des Européens voulaient les employer elles deviendraient probablement plus exigantes, En tous cas elles filent fort assidument et feraient, j'en suis convaincu, de très bonnes fileuses industrielles.

Ma première impression à la vue du cocon annamite a été qu'il ne vaudrait pas la peine de lui imposer les frais d'une filature à l'européenne. Mais après avoir observé attentivement la filature annamite, je crois qu'en modifiant l'appareil usité au Tonkin, et en créant un appareil mixte, analogue au système que j'avais imaginé pour la filature de Tomioka, on arriverait en filant sur de très petits asples se rapprochant de l'asple annamite, et en redévidant aussitôt la soie, à produire en filature industrielle avec les cocons actuels du Tonkin, une soie de bonne nature et en tous cas bien supérieure à celle produite actuellement. Dès qu'on aura modifié l'éducation des vers à soie et amélioré la nature des cocons, rien ne s'opposera à l'introduction des systèmes ordinaires de filature usités chez nous, et on trouvera au Tonkin en abondance et à bon marché des fileuses intelligentes et dociles, pouvant comme celles de Chine et du Japon, arriver à des résultats aussi bons, sinon supérieurs à ceux que nous obtenons avec nos fileuses européennes.

Je joins à cette note, un appareil de filature tel qu'il est usité dans le pays. Cet appareil a été acheté à Hanoï ; il coûte huit ligatures soit fr. 5,20. Pour le compléter il suffirait d'y joindre une bassine en cuivre ou en fonte posée sur un fourneau.

Je joins aussi un échantillon de cocons étouffés et séchés par moi à l'air sec.

Enfin, quelques échantillons de soie grège dans les différents modes de pliage, et des échantillons de déchets.

J'ai dit que le prix des bons cocons à Hanoï était au mois de novembre d'environ 1 fr. le kilogramme. *Valeur des cocons soies et déchets.*

Le prix des soies variait suivant les qualités de 15 à 20 fr. le kilogramme.

D'après les statistiques des douanes, il s'exporte en Chine environ un millier de péculs de soie, mais ces chiffres sont forcément erronés, la contrebande ayant existé jusqu'ici sur une large échelle. En tous cas, le chiffre de l'exportation constitue la minime part de la production : la plus grande partie des soies étant convertie en étoffes sur les lieux mêmes.

Les frisons valaient suivant les qualités de 2 à 4 fr. le kilogramme. Une portion de ces frisons est vendue soit aux Chinois pour l'exportation à Canton, soit à quelques Européens pour l'exportation en Europe; mais la plus grande partie est filée sur les lieux et employée surtout en trame pour les étoffes de fantaisie.

MOULINAGE

Le moulinage n'existe pas à l'état d'industrie distincte au Tonkin. *Redévidage primitif.* Chaque industriel ayant un ou plusieurs métiers à tisser transforme lui-même, suivant ses besoins la soie grège en organsin ou en trame. Le redévidage des flottes se fait à la main. La flotte est disposée sur une petite tavelle légère et la soie est devidée sur un roquet emmanché au bout d'une tige dont l'ouvrière tient une extrémité dans sa main droite, et à laquelle elle imprime avec la paume de la main un mouvement de rotation rapide. Tous ces objets sont en bambou ou en rotin. L'ouvrière a à sa disposition plusieurs roquets dont elle se sert alternativement pour le redévidage suivant le titre ou la qualité du fil de soie qu'elle dévide, de façon à obtenir sur chaque roquet une soie autant que possible homogène et régulière, rectifiant ainsi les défauts et l'irrégularité de la filature. Une fois la soie dévidée sur un certain nombre de roquets, le doublage s'effectue en redévidant sur un seul roquet les fils de deux ou plusieurs roquets de même qualité. Cette opération se fait à la main comme pour le dévidage.

Organsin.

La torsion de l'organsin qui peut être à 2, 3, 4 ou 5 bouts, s'effectue à peu près de la manière usitée par nos cordiers de village pour tordre les cordes. Les fils sont tendus côte à côte sur une certaine longueur — celle que doit avoir la pièce d'étoffe — sous un hangar ou même en plein air, et sont soutenus de distance en distance par des supports en forme de peignes. Au bout de chaque fil est attaché un petit fuseau en plomb qui en fait retomber l'extrémité le long du dernier support, et auquel on imprime d'un coup de pouce un vif mouvement de rotation. Lorsque la torsion est suffisante pour chaque fil, on réunit par l'extrémité opposée le nombre de fils qui doivent composer l'organsin, et on fait la même opération en sens inverse, après quoi on plie le fil d'organsin en écheveau.

Les cordonnets de soie se font de la même façon.

Trame.

La trame n'a absolument aucune torsion, et les fils sont simplement dévidés côte à côte sur un roquet ; une ouvrière après avoir trempé ce roquet dans l'eau, s'en sert pour préparer une à une les canettes destinées à la navette, à l'aide d'un rouet qui imprime à la canette un mouvement de rotation rapide. Elle règle à la main.

TISSAGE DE LA SOIE

Métiers à balancier et à la tire.

L'étoffe se fabrique avec la soie écrue. Deux sortes de métiers sont employés : le métier à balancier qui ne demande qu'un ouvrier pour les unis, et le métier à la tire qui exige un ou deux aides, pour les façonnés. J'ai vu à Hanoï jusqu'à six métiers travaillant simultanément dans le même atelier.

Ces deux métiers sont absolument semblables aux métiers employés dans tout l'Extrême-Orient et à ceux qui étaient autrefois employés en Europe avant l'introduction du métier Jacquard. M. Parreau, résident de France à Hanoï, et président de la commission du Tonkin pour l'exposition d'Anvers, a fait exécuter un modèle réduit de chacun de ces deux métiers pour être envoyés à cette exposition, d'où ils reviendront ensuite à l'exposition permanente des colonies à Paris.

L'étoffe fabriquée est ordinairement vendue écrue en première main, et l'acheteur la fait décreuser et teindre à sa guise. Le décreusage s'opère par des lavages successifs dans un bain de lessive, et des séchages successifs au soleil, à peu près comme cela se pratique pour le blanchiment des toiles. Très souvent on se contente de ce lavage pour employer l'étoffe sans la faire teindre, et il lui arrive alors d'avoir un certain reflet jaunâtre qui vient de ce qu'elle n'a pas été suffisamment blanchie. Naturellement ce reflet disparaît avec l'usage.

Je joins à ces notes, outre des échantillons des divers objets employés au moulinage, quelques pièces d'étoffe de soie écrue dont on trouvera la liste avec les longueurs, largeurs, poids et prix à la page 62.

Il est très difficile, sinon impossible, d'établir l'importance actuelle de la production de la soie au Tonkin. Les indications des douanes en ce qui concerne l'exportation sont fort erronées à cause de la contrebande, et la consommation du pays ou de l'Annam sur laquelle on ne peut avoir aucune donnée, emploie la majeure partie de la soie produite. *Importance de production*

On peut estimer qu'un tiers environ de la population se vêtit de soie. En mettant à trois millions ce tiers de la population consommant annuellement un vêtement de soie du poids de 300 grammes, on arrive à 900.000 kilogrammes de soie environ ou 15.000 péculs, plus la quantité exportée en Chine ou en Cochinchine, soit en tout environ un million de kilogrammes.

La production de la soie au Tonkin a été évaluée, il y a quelques années, par M. Natalis Rondot, au chiffre de 15.000 péculs, chiffre qui se rapproche de celui que je viens d'établir et qui doit être considéré à mon avis comme un minimum.

Mais quoi qu'il en soit de l'importance présente de cette production, il est certain que le rendement actuel des mûriers et des cocons, pour les raisons que j'ai exposées plus haut, est déplorable, et que toute tentative faite dans le sens d'une amélioration de la culture du mûrier et de l'éducation des vers à soie, aura pour résultat d'augmenter dans une forte proportion le rendement en soie des terrains actuellement cultivés en mûriers. *Son avenir*

Il ne faut pas oublier non plus que l'exportation de la soie a été contrariée jusqu'ici au Tonkin par des causes politiques, et que la presque totalité des soies produites devait servir uniquement à la consommation locale. Sous un nouveau régime de liberté commerciale, il n'y a pas de raison pour que les Annamites n'imitent pas les Chinois et les Japonais qui, après l'ouverture de leurs pays au commerce étranger, ont en quelques années doublé et même triplé leur production de soie.

Les terrains en friche où l'on peut cultiver le mûrier abondent au Tonkin, et je suis convaincu que d'ici à quelques années notre nouvelle colonie pourrait nous permettre de nous affranchir en partie du tribut onéreux que nous payons chaque année à la Chine et au Japon.

COTON

<table>
<tr><td>Culture du coton, son
importance.</td><td>Le coton est cultivé en abondance dans le Delta et dans toutes les provinces du Tonkin. C'est une plante annuelle, d'environ un mètre de haut, analogue à celle de la Chine. Sa culture alterne avec celle du riz dans quelques-uns des terrains où l'on ne fait qu'une récolte de riz, ou encore avec d'autres céréales ou avec les légumineuses. Le temps nécessaire à sa culture est à peu près le même que celui qui est nécessaire à la culture du riz. Bien qu'on le cultive partout, les provenances de Ninh-Binh et de Thanh-Hoa sont les plus estimées.</td></tr>
</table>

Il est difficile d'apprécier l'importance de cette culture qui est en tous cas considérable. La majeure partie du coton que l'on récolte est filée et tissée sur place par des moyens grossiers et produit les étoffes dont s'habille la plus grande partie de la population. Cependant les Annamites se servent volontiers des filés de coton de Manchester et de Bombay, mieux filés que les leurs, et les utilisent pour faire la chaîne de leurs étoffes qu'ils trament avec les cotons indigènes. Ces tissus sont ordinairement teints en brun avec le Cunao (ou faux gambier) tubercule que l'on récolte dans les parties montagneuses du nord.

On exporte du Tonkin en Chine, en Annam et en Cochinchine, du coton brut et des tissus de coton. Les Chinois estiment particulièrement les cotons du Thanh-Hoa qu'ils expédient à Haïnan, où les balles sont démarquées et réexpédiées à Canton.

C'est certainement une culture à ne pas négliger et qui pourra compter pour un bon appoint dans la richesse de la colonie, soit pour l'exportation, soit pour la consommation du pays. Si les Annamites achètent volontiers les filés et même les tissus étrangers, c'est que leurs procédés de filature et de tissage sont trop grossiers, et trop coûteux, mais si l'on installe au Tonkin des filatures de coton, il n'y a pas de doute que l'on puisse, grâce au bon marché de la main d'œuvre et à la qualité de la matière première, faire une concurrence avantageuse aux filatures de Manchester, et même à celles de Bombay, non seulement pour la consommation du pays, mais aussi pour l'importation en Chine.

Les chiffres officiels des douanes pour l'année 1883, donnent pour l'importation au Tonkin.

14.882 péculs de cotons filés d'une valeur de taëls, . . 209.880
et 20.509 pièces de cotonnades   —   — . . . 19.546

Total. . . 229.426

et pour l'exportation :

4.740 péculs de coton brut d'une valeur de taëls. . . .	36.719	20
et 6.811 pièces de cotonnades — — . . .	3.781	96
TOTAL. . .	40.501	16

TEXTILES DIVERS : ORTIE DE CHINE

Le Gaï espèce d'ortie de Chine, est cultivé dans tout le Tonkin. C'est Le gaï
une plante herbacée, vivace, à larges feuilles argentées en dessous et
vertes en dessus. Les Annamites en mangent les feuilles. On le cultive
beaucoup autour des maisons avec les autres plantes potagères. J'en ai
rapporté quelques spécimens séchés. L'écorce de sa tige est fibreuse et
fort résistante, et elle donne un fil très fin qui peut être employé aux
mêmes usages que le chanvre. On en fait surtout au Tonkin des filets
et des hamacs.

On a essayé d'implanter au Tonkin, la Ramie qui y vient très bien, La ramie.
mais le père Hébert qui en a fait des essais dans sa ferme de Thanh-
Hoa, dit qu'elle n'est pas avantageuse parce qu'elle demande beaucoup
de fumier et use le terrain.

J'airencontré dans les montagnes de Tu-Fam sur les bords de la rivière Chanvre sauvage.
Noire, une plante à tige résistante qui paraît être de la famille des orties,
et dont j'ai rapporté des échantillons; son écorce est fort résistante et
pourrait servir aisément aux mêmes usages que le chanvre, le Gaï et les
autres plantes textiles. Elle vient à l'état sauvage et en quantités considérables, au milieu des herbes des montagnes, et atteint jusqu'à 1^m,50
et 2 mètres de haut. Elle paraît être vivace; elle porte vers son sommet
un bouquet de quelques feuilles et de fleurs analogues à celles de l'ortie;
les feuilles sont argentées en dessous, vertes en dessus. Le reste de la
tige est dénudé de feuilles. J'ai demandé au Dinh-Van-Vinh, chef des
Muongs de Tu-Fam, s'il connaissait cette plante. Il m'a dit l'avoir remar-
quée, mais il n'en sait pas le nom, et on ne s'en sert pas dans le pays.
C'est pourtant un textile qui ne coûterait que la peine de le récolter et
qui pourrait être fort utile.

Les plantes textiles, ne manquent pas au Tonkin. En dehors des plantes Le Tao.
herbacées, il y a aussi l'écorce de plusieurs arbres, et en particulier celle
du Tao, arbuste qui vient en abondance et à l'état sauvage dans les
montagnes, et dont j'ai rapporté un échantillon de Doc-Tru, village Muong
dans les montagnes non loin de Phu-Gno. L'écorce des branches de cet

arbuste est très résistante ; on s'en sert surtout pour faire des cordes, et il n'y a pas de doute qu'elle ne puisse être utilisée sur une large échelle.

Le chanvre. Enfin le chanvre vient facilement au Tonkin.

PAPIER

Écorce du Ke-yioh. Parmi les textiles on pourrait ranger l'écorce du Ke-yioh ou arbre à papier qui vient en abondance dans les montagnes des environs de Sontay, Je n'ai pas eu occasion de voir l'arbre, ni de m'en procurer des échan-tillons.

Morus papyrifera. Le Morus papyrifera existe aussi en assez grande abondance au Tonkin où il vient naturellement sur le bord des routes, mais n'est pas employé pour la fabrication du papier. Il est probable que le ke-yioh est plus avantageux ou plus abondant. L'écorce séchée de ce dernier fait l'objet d'un assez grand commerce ; elle est apportée en fagots, à dos de bœufs ou de buffles, des montagnes où on la récolte, aux nombreuses fabriques de papier dont le centre principal est aux environs de Hanoï. Elle vaut environ 20 ligatures le pecul, soit à peu près 22 francs les 100 kilo-grammes.

Procédé de fabrica-tion. Le procédé de fabrication du papier employé au Tonkin est le même que celui du Japon.

On fait macérer l'écorce du ke-yioh, et on la broie dans des mortiers, de façon à la réduire en pulpe fine. On délaye celle-ci dans une certaine quantité d'eau pour former une pâte très claire que l'on colle à l'aide

Le Gomao. d'une bouillie faite avec des copeaux du gomao, arbre qui croît en abon-dance dans les montagnes de la rivière Noire. Le papier est fabriqué feuille par feuille, par des femmes, à l'aide de menues claies de bambou qu'elles trempent alternativement dans la pâte, pour en retirer chaque fois une mince feuille de papier qu'elles déposent l'une après l'autre sur une planchette. A la fin de la journée, on porte ces feuilles sous la presse pour en exprimer l'eau, on les sèche en les appliquant une à une sur une paroi en maçonnerie chauffée, on les met en paquet et on les rogne.

Coût du papier. Une femme fait mille feuilles de papier par jour. L'épaisseur des feuilles dépend de la consistance de la pâte. L'établissement que j'ai visité à 4 kilomètres de Hanoï pouvait produire 80.000 feuilles par jour avec quatre-vingts femmes, et environ quarante aides. On y faisait un papier valant 20 ligatures ou 13 fr. les 4.000 feuilles

En somme, ce travail est coûteux malgré la modicité du prix de la main-d'œuvre. En substituant à ces moyens grossiers nos moyens perfectionnés, on pourrait comme on l'a fait au Japon, produire d'excellent papier à très bon compte.

Actuellement, le papier fabriqué sert surtout aux besoins du pays, et ne s'exporte guère qu'en Annam et en Cochinchine.

LE THÉ

Le Tonkin produit du thé en abondance. On le récolte sur un arbuste de plusieurs mètres de haut qui vient surtout dans les plateaux des environs de Sontay, de Hong-Hoa, et dans toute la partie nord. Sa qualité est fort commune. On cueille les feuilles toute l'année, comme pour le mûrier, et on le consomme à l'état frais dans le pays, sans aucune préparation. On en trouve toujours au marché. Il s'en exporte fort peu. *(Arbre à thé.)*

Dans le Laos et sur les frontières du Yun-Nan on en cultive une espèce très renommée qui s'exporte en Chine sous le nom de Puerh-thé. *(Thé du Laos.)*

Je crois qu'on pourrait facilement produire du thé de bonne qualité et susceptible d'être exporté, soit en modifiant la culture de l'arbre à thé du pays, soit en important des plants de meilleure qualité, en les cultivant comme on le fait en Chine, au Japon et dans l'Inde, sur souche basse, en buisson, et en ne faisant qu'une cueillette ou peut-être deux par an. *(Améliorations à apporter à cette culture.)*

LE MANIOC

Le manioc dont la racine sert à faire le tapioca vient en abondance et facilement dans tout le Tonkin, et surtout dans le Delta.

LES PLANTES OLÉAGINEUSES

Le ricin : il croît en abondance, et à peu près à l'état sauvage dans tout le Tonkin ;

Les arachides ;

Le sézame ;

Le colza ;

La pistache commune ;

La noix de l'Atlay, espèce de noyer qui vient naturellement dans toutes les montagnes ;

L'anis étoilé, ou badiane qui vient dans les montagnes du nord, et en particulier dans les environs de Langson.

LES LÉGUMINEUSES

Les légumineuses de toutes sortes, et en particulier les haricots qui s'exportent déjà à l'état sec en quantités assez considérables en Chine et à Saïgon ; les pois qui servent aussi à faire de l'huile.

LES ÉPICES

Outre la noix d'arec dont il se fait un grand commerce pour l'Annam, la Cochinchine et Haïnan, le Tonkin produit et exporte actuellement la cardamome, la canelle, la muscade, la rhubarbe, et un peu de poivre. Toutes ces cultures peuvent facilement se développer. On a fait des essais de cacao, de café et de vanille qui paraissent donner de bons résultats.

MÉDECINES

Le Tonkin produit une quantité de médecines qui font l'objet d'un commerce assez important avec la Chine.

MATIÈRES TINCTORIALES

Cunao.

Le Tonkin produit peu de matières tinctoriales, cependant on trouve dans les montagnes du nord, le cunao ou faux gambier, espèce de tubercule qui donne une couleur brune servant à teindre la plupart des vêtements de coton, et dont on a exporté

en 1882 : 53.303 peculs d'une valeur de 42,883 taëls
en 1883 : 23.182　　»　　　　»　　　　»　　　19.677　»

Indigo.

L'indigo vient facilement dans tout le Tonkin et en particulier dans la province de Thanh-Hoa. Cette culture pourrait être facilement développée, et faire concurrence à celle de l'Inde.

Bois de sapan.

Il y a encore le bois de Sapan, et les feuilles de divers arbres qui servent à teindre les étoffes de soie.

BOIS

Les montagnes du Tonkin, couvertes de forêts, peuvent donner en quantité les bois de charpente et les bois d'ébénisterie de toutes sortes, Bois de fer ou Golien. parmi lesquels il faut citer les diverses variétés de bois de fer (golien), jaune, rouge, et blanc, qui viennent surtout du Thanh-Hoa.

Ces bois non seulement servent aux besoins du pays, mais une portion en est déjà exportée en Chine, et il n'y a pas de doute que ce commerce se développera à mesure que l'on pourra exploiter les forêts des montagnes avec plus de sécurité.

On trouve aussi de nombreuses variétés de bambous, qui servent dans le pays à une infinité d'usage, et dont on exporte une partie en Chine. Bambou

On y trouve aussi le rotin, article de grande consommation pour la Chine. Il vient très bien au Tonkin, et c'est encore une culture qu'on pourra développer. Rotin.

RÉSINES

Le Tonkin produit diverses résines, parmi lesquelles il faut citer en premier lieu la gomme-laque.

L'arbre à laque vient dans tout le nord du Tonkin et l'huile qu'on en retire sert à laquer les meubles et les ustensiles en bois de toutes sortes. On en exporte déjà une certaine quantité, mais c'est une culture qui peut prendre de l'extension. Arbre à laque.

Le Shan *(Jambolifera resinosa)* est un arbre qui donne une résine dont on se sert pour enduire l'intérieur des barques en treillis de bambou usitées dans tout le Tonkin. On triture l'écorce qui contient la résine, et après l'avoir fait sécher pendant quelque temps au soleil, on l'applique à même sur les parois intérieures et extérieures des embarcations, qui deviennent par cela même imperméables à l'eau. Ces barques absolument et uniquement faites de bambou, ressemblent à d'immenses paniers à salade ; il y en a de toutes dimensions, depuis 2 mètres de long jusqu'à 30, 40 mètres et plus. Une petite embarcation de 3 mètres de long sur un mètre de large, coûte 2 ligatures (1 fr. 30) et dure six mois grâce à ce vernissage à l'écorce du shan. Le Shan, barques en bambou.

Le shan vient surtout en Thanh-Hoa, mais aussi dans toutes les montagnes du Tonkin.

Le Tonkin produit et exporte en Chine du miel et de la cire blanche d'abeille, dont les plus estimés viennent du Thanh-Hoa. Miel, cire blanche

Je n'ai pas eu occasion d'étudier la question de la cire végétale du Tonkin ; mais il est certain que les conditions de climat et de terroir sont absolument les mêmes dans les montagnes du Tonkin que dans les parties du Japon et de la Chine où j'ai vu cultiver l'arbre à cire. Cette culture me paraît donc susceptible d'être introduite à l'occasion. Cire végétale.

TABAC

Le tabac vient facilement au Tonkin ; il y en a de plusieurs qualités. Le plus estimé vient du Nord et vaut 3 ligatures la livre annamite, ou 3 fr. 25 le kilog, au détail. Les pères des missions catholiques le préparent soit en cigares, soit en tabac à fumer, et beaucoup d'Européens le fument et le trouvent très supportable tel qu'il est actuellement. Cette culture pourrait certainement être améliorée et développée, et fournir un élément au commerce d'exportation. Il s'exporte du reste déjà du tabac, en petite quantité.

VIGNE

La vigne vient naturellement et facilement au Tonkin, où l'on cultive des espèces de raisin comestible. Je ne crois pas que le pays puisse jamais devenir un pays à vignobles, ou exportateur de vins, mais l'existence de nombreuses variétés de vignes sauvages ou domestiques au Tonkin, est un fait à signaler dans un moment où l'on s'occupe tant en France de rechercher des espèces qui puissent résister au phylloxera.

PRODUITS DIVERS

Il y a encore d'autres produits du pays qui peuvent alimenter le commerce d'exportation, ce sont :

Incrustations de nacre. — Les incrustations de nacre sur bois de fer, pour lesquelles les Annamites du Tonkin sont très habiles.

Broderies. — Les broderies sur soie ou sur drap qui, grâce au bas prix de la main-d'œuvre pourraient donner lieu à un commerce lucratif. Les ouvriers Annamites, hommes ou femmes, sont très habiles dans ce genre de travail.

Dentelles. — A ce sujet. notons en passant que les Japonais depuis quelque temps fabriquent avec succès des dentelles très fines, et des applications sur tulle. On en fait aussi dans l'Inde. Les ouvrières annamites fort habiles à tout travail des doigts pourraient être. facilement instruites dans cette industrie qui, grâce toujours au bon marché de la main-d'œuvre, aurait chance de lutter avantageusement avec le produit des autres pays.

Peaux de bœufs et de buffles. — On exporte déjà les peaux de bœufs et de buffles, en poils, qui valent actuellement 45 à 50 francs les premières, et 35 à 45 francs les secondes. On fait aussi des cuirs dont ou fabrique des chaussures pour

hommes et pour femmes. Ces divers articles ont pris une certaine importance depuis que les besoins de nos troupes et des Européens en général
au Tonkin ont augmenté la consommation des bœufs, et ils tendent à se
développer chaque jour. Il en est de même du commerce des débris d'a-
nimaux, tels que peaux de bœufs, de buffles, de chèvres, de chevreaux, Débris d'animaux.
cornes de cerfs et de buffles, et os d'animaux qui tend à augmenter.

L'élevage de tous les bestiaux est facile au Tonkin où il y a abon- Bestiaux.
dance de pâturages d'excellente qualité, et il est certain que depuis
l'accroissement de la demande, les Annamites ont multiplié les élevages.

On n'élève pas de moutons au Tonkin, et il est probable que, de même Moutons, chèvres.
qu'en Chine et au Japon, le climat ne leur convient pas, mais il convient
très bien à la chèvre qui y est très féconde, et qui pourrait donner lieu
non seulement à un commerce de peaux de chèvres et de chevreaux,
mais aussi de poils de chèvres de différentes espèces.

Le Tonkin exporte en Chine des porcs vivants, et de la viande de porc Porcs, volailles.
fumée ou salée, de la graisse de porc, des volailles vivantes ou séchées,
des œufs conservés, des poissons salés.

Tous ces produits qui sont à très bas prix dans le pays et de bonne
qualité pourraient être améliorés et s'exporter ailleurs qu'en Chine. Ils
peuvent en tous cas alimenter à bon marché nos navires de guerre et de
la marine marchande.

Les porcs surtout qui sont d'une nourriture facile et économique
pourraient fournir non seulement des jambons, du lard, du saindoux,
mais encore des soies de porcs.

Enfin il est un article très important qu'il ne faut pas négliger, c'est Sel.
le sel qui fait l'objet d'un grand commerce avec les provinces limitrophes
de Chine. Ces provinces tiraient autrefois presque tout leur approvision-
nement du Tonkin. Les guerres de ces dernières années ont entravé ce
commerce qui se relèvera et se développera de nouveau, dès que les
communications avec le Yun-Nan seront assurées.

Il faut aussi tenir compte des produits des mines, et en particulier des Mines.
mines de charbon. Je ne me suis pas occupé de cette question qui a déjà
été étudiée par des explorateurs compétents, et sur lesquelles je n'avais
pas le loisir et les moyens de me former une opinion personnelle suffisante.

COMMERCE D'IMPORTATION

Voici la liste des principaux articles qui font actuellement l'objet du commerce d'importation au Tonkin :

Cotons filés.

Les cotons filés (cotton yarn) de Manchester par balles de 180 kilog. valant à Hanoï environ 600 à 665 fr.

Les cotons filés de Bombay, également par balles de 180 kilog. valant à Hanoï 451 à 558 fr. la balle.

La vente de ces deux produits a déjà atteint 5.000 balles en 1883, et 6.000 en 1882.

Cotonnades.

Calicots blancs de Manchester par caisses de 30 pièces.

La pièce de 36 mètres de long sur $0^m,91$ de large, vaut à Hanoï, depuis 15 fr. jusqu'à 32 francs.

Cretonnes blanches de Manchester par caisses de 30 pièces.

La pièce de 36 mètres sur $0^m,91$ vaut à Hanoï depuis 16 jusqu'à 20 fr.

Grey shirtings de Manchester par caisses de 50 pièces.

Les pièces pèsent de 2 kilog. 72 à 3 kilog. 53.

Les longueurs varient de $21^m,80$ à $35^m,50$.

Les largeurs varient de $0^m,78$ à 1 mètre.

Les prix varient de 7 fr. 30 à 13 fr. 60 la pièce.

De ces différentes cotonnades il s'est importé 18.000 pièces en 1880 et 40.000 pièces en 1882.

Lingerie.

Mouchoirs d'Angleterre et d'Allemagne en coton blanc ou à bordures, pesant 200 à 300 grammes la douzaine.

Les grandeurs varient de $0^m,43$ sur $0^m,45$ à $0^m,64$ sur $0^m,64$. La douzaine vaut à Hanoï 2 fr. 35 à 3 fr. 90.

Emballage par cartons de 1, 5 et 10 douz., et par caisses de 200 à 250 douz.

Serviettes d'Angleterre et du Japon.

Coût 2 fr. 90 à 3 fr. 60 la douzaine ; dimensions $0^m,68$ sur $0^m,40$, poids 270 à 340 gram. la douzaine.

COUVERTURES D'ANGLETERRE.

Coton broché fantaisie 3 fr. 90 la pièce de 1 kilog. 81.
Dimensions 1ᵐ,47 sur 2ᵐ,03.
Emballage par ballots de 200 couvertures.
Laine rouge, bordé noir, 27 fr. 80 à 32 fr. 70 la paire de 3 kilog. 54 à 4 kilog. 25 ;
dimensions, 1ᵐ,88 sur 2ᵐ,13.
Emballage par ballots de 50 paires.   ·

MERCERIE D'ANGLETERRE.

Fil noir, blanc, indigo à 1 fr, 85 la douzaine de 182 mètres, six fils n° 30, 36,
40 et 50.
Fils blancs de fr. 0,74 à 0,85 la douzaine de 91 mètres.
Emballage par boîte de 1 douzaine et par caisse de 300 boîtes.

CORDONNETS D'ANGLETERRE.

Cordonnets laine rouge à fr. 5,55 la boîte de 600 grammes.
— laine rouge ou noire de fr. 6,65 la boîte de 600 grammes.
Par boîtes de 4 écheveaux et par caisses de 200 boîtes.
Assortiment 160 boîtes rouges.
—   40 — noires.

PARAPLUIES D'ANGLETERRE.

Parapluies à godet, en coton blanc grisâtre à 12 baleines, coût à Hanoï
fr. 29,60 à 45,20 la douzaine.

SAVONS D'ANGLETERRE ET DES ÉTATS-UNIS.

Savons en barre, rouge, à 6 fr. 35 la caisse de 16 barres, poids 12 kilog. 50.
— de toilette, transparents, blancs, 4 fr. 85 à 8,45 la douzaine.

TISSUS DE COTON D'ANGLETERRE POUR HABILLEMENTS.

Fr. 8,95 à 9,75 la pièce de 10ᵐ,90, poids 900 gram. à 1 kilog. 130, par
ballots de 20 pièces.

TISSUS DE COTON ET LAINE, ANGLETERR.

Damas coton rouge, fr. 19 par pièce de 27ᵐ,75.
Damas laine rouge à dessins, fr. 29 la pièce de 27ᵐ,30.

Tissus de coton, Angleterre et Allemagne.

Mousseline unie fr. 4,35 la pièce de 10^m,90 sur 1^m,06 de large
—   rayée fr. 5   —   —   sur 0^m,81.   —

Flanelles, Allemagne.

Couleurs assorties 6 fr. 72 le mètre par pièces de 16^m,40 sur 1^m,57 de large.

Couleurs d'aniline d'Allemagne et Suisse.

En boîtes : bleu,   la boîte de 8 onces fr. 2,70.
      —   violet,   —   —   3.
      —   magenta,   —   —   1,70.
      —   écarlate,   —   —   6,65.
      —   divers (assorties),   —   —   1,50 à 4,85.
S'emploient pour teindre les soies, les moustiquaires.
En flacons, par caisses de 200 flacons de 2 onces = 56 grammes de fr. 0,90 à fr. 2,30 le flacon.

Horlogerie d'Amérique à bon marché.

Allumettes de toutes provenances.
Fr. 125 à 170 la caisse de 50 paquets de 10 boîtes chacune.

Bougies de Belgique.

Fr. 16 la caisse de 25 paquets de 6 bougies, longues ou courtes.

Métaux d'Angleterre et de Suède.

Fils de laiton de toutes grosseurs 4 fr. 70 le kilog.
Fers carrés de 5, 6 et 8 millimètres, 16 fr. 50 le kilog.
Fers plats vieux, fr. 12,75 les 60 kilog.

Je suis redevable à M. Parreau, résident de France à Hanoï des renseignements relatifs aux articles d'importation.

On voit par les détails qui précèdent, combien le commerce d'importation a encore peu d'importance au Tonkin, mais il ne faut pas oublier que le pays est à peine ouvert, et qu'il est resté en proie depuis dix ans aux guerres civiles et à la guerre étrangère. Ce commerce se développera comme dans les pays voisins avec la pacification et l'apaisement des esprits.

On peut voir aussi que la France ne figure pas dans l'importation de ces articles qui viennent surtout par la voie de Hong-Kong. Il faudra pour que notre industrie nationale prenne sa part dans ce commerce qu'elle s'étudie à lutter contre la concurrence anglaise et allemande.

Aux articles que je viens de mentionner il conviendrait d'ajouter les articles pour la consommation des Européens qui viennent en grande partie par Saïgon, et enfin l'opium qui figurera pour un chiffre important.

Pour la plupart des articles d'exportation et d'importation, je n'ai pu que donner un aperçu général, sans entrer dans le fond et les détails de beaucoup de questions. Le peu de temps que j'ai passé au Tonkin, et l'état anormal dans lequel se trouvait le pays, ne m'ont pas permis d'étudier à loisir beaucoup de questions qui ne pourront se développer qu'à la longue.

L'étude des besoins d'un pays nouveau comme le Tonkin, très impor-tante et très intéressante à tous les points de vue, demanderait du temps et des aptitudes spéciales, et il serait bon, je crois, que les diverses Chambres de commerce françaises intéressées, d'accord avec le gouver-nement, entretinssent pendant quelque temps des délégués spéciaux pour les tenir au courant des besoins du pays et des conditions écono-miques dans lesquelles peut et doit se développer son commerce.

IMPORTANCE ACTUELLE ET AVENIR DU COMMERCE AU TONKIN

Voici le résumé des statistiques des douanes françaises au Tonkin de 1880 à 1883.

ANNÉES	IMPORTATION	EXPORTATION	TOTAL
1880	5.500.000 fr.	7.500.000 fr.	1.300.0000 fr.
1881	6.300.000	4.500.000	10.800.000
1882	4.000.000	6.600.000	10.600.000
1883	3.500.000	4.300.000	7.800.000

On voit que le commerce d'importation et d'exportation au Tonkin a diminué depuis 1880, ce qui s'explique aisément par l'état de guerre où s'est trouvé le pays dans les dernières années, Mais les chiffres ci-dessus ne représentent qu'approximativement l'importance réelle des échanges. Les fausses déclarations sur la valeur des marchandises passant en douane peuvent s'évaluer à 25 0/0, et il faut y ajouter la contrebande sur les soies, le riz et l'opium, qui peut s'estimer à un ou deux millions pour chaque article. En tenant compte de ces différences on arriverait facilement pour l'année 1880 à un chiffre total de plus de 20 millions.

Avenir du commerce.

Tel serait le chiffre du commerce du Tonkin avant la conquête ; voyons ce qu'il peut devenir.

Exportation.

D'abord pour l'exportation :

J'ai établi que la récolte du riz pourrait donner très vite 10 à 12 millions de péculs disponibles pour l'exportation, et qu'on pouvait légitimement compter dans quelques années sur un chiffre d'exportation de 16 à 20 millions de péculs ou 1.000.000 à 1.200.000 tonnes, représentant à 6 fr. 25 le pécul ou 100 francs la tonne, 100 à 120 millions de francs.

La soie de son côté devra donner facilement 10.000 péculs, représentant à un prix minimum de 2.000 francs le pécul, ou 33 fr. 33 le kilogramme, 20 millions de francs.

Si à ces deux produits importants on ajoute les divers produits que j'ai passés en revue, et surtout les produits des mines, il n'est pas exagéré de compter dans un avenir prochain sur un chiffre d'exportation minimum de 150 millions de francs.

Importation.

Pour l'importation je n'ai pas de bases sérieuses dans le pays même pour en établir le chiffre, mais d'une part, on peut admettre que l'importance de ce commerce croîtra avec l'augmentation des ressources du pays, et qu'il arrivera à balancer l'importance du commerce d'exportation. D'autre part, si on juge par analogie avec la Cochinchine, qui en vingt ans est arrivée avec ses deux millions d'habitants à importer pour 30 millions de francs, il est probable que le Tonkin, plus riche et en même temps mieux disposé à consommer par le fait que la variété de son climat et de ses saisons entraîne une variété similaire dans les besoins de ses habitants, arrivera avec une population 5 à 6 fois plus grande à consommer 5 à 6 fois plus, soit un minimum de 150 millions.

Importance prochaine de 300 millions.

On peut donc compter pour le commerce du Tonkin, dans un avenir prochain, sur une importance minimum de 300 millions.

Conclusion.

En conclusion, il est évident que le Tonkin comme tous les pays du monde ne consommera qu'autant qu'il produira, c'est-à-dire qu'il n pourra affecter au payement des marchandises importées, que les sommes qui lui auront été payées pour l'achat de ses matières premières, et en général de ses marchandises d'exportation. C'est donc à développer le plus possible son commerce d'exportation et à en faire un pays producteur, que doivent tendre d'abord nos efforts, si nous voulons voir augmenter son commerce d'importation. Mais tandis que certains de ses produits tels que la soie et le thé par exemple, nous aideront à nous affranchir dans une certaine mesure du lourd impôt que nous payons actuellement à la Chine pour l'achat de ces matières, que d'autres tels que le riz et peut-être même le coton sans compter divers produits secondaires, par leur exportation en Chine ou en d'autres pays nous permettront de donner un revenu direct à notre colonie en dehors des capitaux de la mère patrie, c'est à nous à faire en sorte par la bonne direction imprimée à notre industrie nationale, de nous mettre à la tête du courant d'importation qui doit dériver du développement du commerce d'exportation de notre nouvelle colonie, et d'en retirer par là le plus grand bénéfice.

Point n'est besoin pour cela d'envoyer au Tonkin de nombreux colons. Le pays est riche en habitants, en travailleurs. Il possède déjà le producteur et le consommateur, il ne sera pas une colonie d'émigration, il sera surtout une colonie d'administration et de rapport. Il suffira de lui envoyer quelques hommes d'initiative aidés de capitaux pour faciliter et diriger le développement de ses ressources et de ses richesses et lui faire prendre une place sérieuse dans le commerce de l'Extrême-Orient.

Lyon, février 1885.

ÉCHANTILLONS

RAPPORTÉS PAR M. PAUL BRUNAT

RIZ ET AMIDON

1   Riz blanc; 1re qualité.

2   —   2e qualité.

3   Riz rouge.

4   Paddy nep.

5   Paddy riz.

6   Riz nep.

7   Amidon de riz.

8   Amidon de nep.

SOIERIES

9   Une pièce soie jaune écrue.

Longueur 11m,30.
Largeur   0m,74.   Coût $ 4,50 la pièce.
Poids   0k 770.   fr. 1,85 le mètre.

10   Une pièce soie jaune écrue.

Longueur 11m,30.
Largeur   0m,74.   Coût $ 3 la pièce.
Poids   0k 725.   Fr. 1,23 le mètre.

11   Une 1/2 pièce soie jaune écrue.

Longueur 2m,55.
Largeur   0m,74.   Coût $ 1,50 la 1/2 pièce.
Poids   0k 270.   Fr. 2,73 le mètre.

12   Une pièce soie jaune écrue.

Longueur 7 mètr.
Largeur   0m,70.   Coût $ 1,25 la pièce.
Poids   0k 320.   Fr. 0,83 le mètre.

13   Une pièce soie jaune écrue.

Longueur 6m,80.
Largeur   0m,76.   Coût $ 3 la pièce.
Poids   0k 375.   Fr. 2,05 le mètre.

14   Une pièce gaze écrue.

Longueur 7m,80.
Largeur   0m,40.   Coût $ 0,50 la pièce.
Poids   0k 105   Fr. 0,30 le mètre.

15   Une pièce étoffe grossière de soie, coût $ 2 = fr. 9,30.

16   Une pièce étoffe de déchets de soie, coût $ 1,50 = fr. 7

Tous ces échantillons ont été achetés à Hanoï

SOIES GRÈGES

17-18   2 chapelets de flotte de soie jaune 1re qualité filée à Hanoï.
Diamètre des flottes 0m,05, largeur 0m,05.

19   1 chapelet de flottes aplaties de soie jaune de 2e qualité, filée à Hanoï.
Diamètre des flottes 0m,08, largeur 0m,02 à 0m,004.

20   2 paquets de 6 flottes chacun, soie jaune de Nam-Dinh qualité secondaire.
Diamètre des flottes 0m,18, largeur 0m,12.

21-22   2 paquets de soie grossière de Hanoï jaune et blanche.

23   2 flottes de soie jaune, 1re qualité de Nam-Dinh.
Diamètre des flottes 0m,08, largeur 0m,10.

24   10 flottes de cordonnet de soie écrue.

25   Échantillon de cocons jaunes de 1re qualité de Nam-Dinh.

ÉTOFFES DE COTON DU PAYS

26	1 pièce cotonnade rouge		4	ligatures.	Fr.	2 60
27	1 —	— blanche	3	. . . .	—	1 95
28	1 —	— —	7	—	—	4 55
29	1 —	— bleue	4	—	—	2 60
30	1 —	— marron	4	—	—	2 60
31	1 —	— noire	5	—	—	3 25
32	1 —	— —	5	—	—	3 25
33	1 —	— . verte	4	—	—	2 60
34	1 —	— brune	3 50	—	—	2 27
35	1 pièce étoffe de moustiquaire		1 40	—	—	0 91

DIVERS

36   Échantillons divers de Papier.

37   Un appareil de filature et ustensiles divers de moulinage.

38   Une ligature contenant 600 sapèques de zinc reliées par une lanière de
bambou et valant fr. 0,65 environ.

39   Échantillons de tabac valant 300 ligatures le penne ou fr. 3,25 le kilog.

40   Échantillons de nattes.

	LIGATURES		
1 paire nattes rouges à dessin	2 »	Fr.	1 30
1 — — blanche unie	0 50. . . .	—	0 32
1 — — — —	0 80. . . .	—	0 52
1 — — rouges à dessin	1 20. . . .	—	0 78
1 — — blanche à dessin	1 50. . . .	—	0 97
1 — — longue	1 ». . . .	—	0 65
1 — — jaune et rouge dessin	1 50. . . .	—	0 97

TABLE DES MATIÈRES

CULTURES ET PRODUITS DU TONKIN

COMMERCE D'IMPORTATION

IMPORTANCE ACTUELLE ET AVENIR DU COMMERCE AU TONKIN

ÉCHANTILLONS RAPPORTÉS PAR M. P. BRUNAT

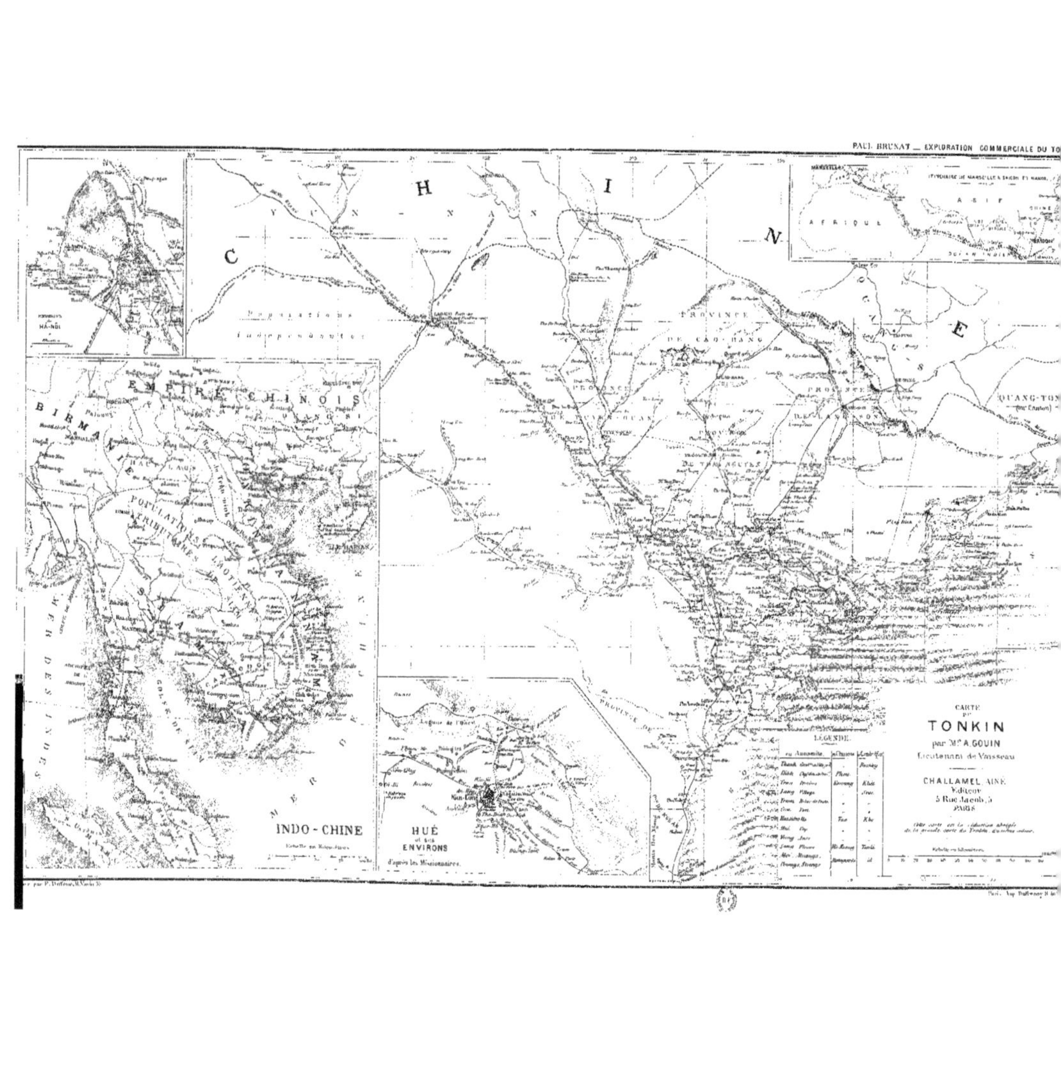
CHINE
C
YUNNAN
AFRIQUE
ASIE
BIRMANIE
EMPIRE CHINOIS
KOUANG-SI
POPULATIONS INDÉPENDANTES
PROVINCE DE CAO-BANG
QUANG-TONG
(ou Canton)
MER DES INDES
GOLFE DE TONKIN
INDO-CHINE
HUÉ
et ses
ENVIRONS
d'après les Missionnaires.
PLAN DE
HA-NOI
CARTE
DU
TONKIN
par Mr A. GOUIN
Lieutenant de Vaisseau
CHALLAMEL AINÉ
Éditeur
5 Rue Jacob, 5
PARIS
LÉGENDE